职业教育对乡村振兴的支持作用及其评价研究

张艳艳　彭万勇　李勋华　著

中国商业出版社

图书在版编目(CIP)数据

职业教育对乡村振兴的支持作用及其评价研究 / 张艳艳，彭万勇，李勋华著. -- 北京 ：中国商业出版社，2025. 4. -- ISBN 978-7-5208-3381-3

Ⅰ. G719.2；F320.3

中国国家版本馆 CIP 数据核字第 20255CU945 号

责任编辑：孔祥莉

中国商业出版社出版发行

（www.zgsycb.com　100053　北京广安门内报国寺 1 号）

总编室:010－63180647　编辑室:010－63033100

发行部:010－83120835/8286

新华书店经销

北京虎彩文化传播有限公司印刷

*

787 毫米×1092 毫米　16 开　8.75 印张　155 千字

2025 年 4 月第 1 版　2025 年 4 月第 1 次印刷

定价:45.00 元

*　*　*　*

（如有印装质量问题可更换）

前　言

在乡村振兴战略的大背景下，职业教育作为连接教育与产业、城市与乡村的重要桥梁，其独特的价值与作用日益凸显。乡村振兴不仅关乎农村经济的发展与农民生活水平的提高，更是一个多方面的综合性系统工程。而职业教育以其针对性强、实践性强、与市场需求紧密对接的特点，为乡村振兴提供了有力的人才支撑和技术保障。

职业教育通过培养具备专业技能和实际操作能力的新型职业农民，为农村地区的产业升级和经济发展注入了新的活力。同时，职业教育还促进了城乡之间的流动，有助于打破城乡二元结构，推动城乡融合发展。在这个过程中，职业教育不仅提升了农民的就业创业能力，还增强了他们的文化素质和综合素质，为乡村社会的和谐稳定与持续发展奠定了坚实的基础。

本书首先对职业教育进行概论，分析了职业教育对乡村振兴的支持作用，系统论述了职业教育与乡村人才振兴，探讨了基于职业教育的乡村振兴信息化建设，并对职业教育支持乡村振兴的评价体系构建展开深入研究。希望通过本书的介绍，能够为读者提供相关理论知识方面的帮助。

在写作过程中，笔者参阅了相关文献资料，在此，谨向其作者深表谢忱。由于水平有限，疏漏和缺点在所难免，希望得到广大读者的批评指正，并衷心希望同行不吝赐教。

著　者

2025 年 2 月

目　录

第一章　职业教育概论 …… 1

第一节　职业教育概述 …… 1

第二节　职业教育的理论基础 …… 10

第三节　职业教育的模式 …… 18

第二章　职业教育对乡村振兴的支持作用 …… 25

第一节　基于职业教育支持的乡村产业振兴 …… 25

第二节　基于职业教育支持的乡村文化振兴 …… 31

第三节　基于职业教育支持的乡村组织振兴 …… 40

第三章　职业教育与乡村人才振兴 …… 49

第一节　职业教育与乡村教育体系构建 …… 49

第二节　职业教育与乡村人才能力提升 …… 57

第三节　职业教育与乡村创新创业人才培养 …… 65

第四章　基于职业教育的乡村振兴信息化建设 …… 73

第一节　基于职业教育的乡村信息基础设施建设 …… 73

第二节　基于职业教育的乡村信息化平台构建 …… 83

第三节　基于职业教育的乡村电商发展 …… 91

第五章　职业教育支持乡村振兴的评价体系构建 …… 105

第一节　职业教育支持乡村振兴的评价指标 …… 105

第二节　职业教育支持乡村振兴的评价方法 …… 112

第三节　职业教育支持乡村振兴的评价结果分析 …… 124

参考文献 …… 134

第一章　职业教育概论

第一节　职业教育概述

一、职业教育的概念及特点

职业教育，是指为了培养高素质技术技能人才，使受教育者具备从事某种职业或者实现职业发展所需要的职业道德、科学文化与专业知识、技术技能等职业综合素质和行动能力而实施的教育，包括职业学校教育和职业培训。职业教育是与普通教育具有同等重要地位的教育类型，是国民教育体系和人力资源开发的重要组成部分，是培养多样化人才、传承技术技能、促进就业创业的重要途径。

我国高度重视职业教育，出台了一系列法规政策推动其发展。2022 年修订通过的《中华人民共和国职业教育法》，明确了职业教育的类型地位，强调其与普通教育同等重要，并从多个方面完善了职业教育保障制度和措施。

此外，国家还通过多项政策文件，推动职业教育与产业需求紧密结合，提升职业教育质量。如支持高校、职业院校与企业联合开展教师培养培训，推进职普融通、产教融合、科教融汇等。这些举措为职业教育发展提供了法律保障和政策支持，有力推动了职业教育的改革创新与高质量发展，使其更好地适应经济社会发展需求，为社会培养更多高素质技术技能人才。

（一）实用性

职业教育的实用性体现在其课程设置紧密围绕实际工作需求展开。课程设计者与行业专家合作，确保课程内容能够反映当前职场所需的知识和技能。这种以需求为导向的课程设置，使学生在完成学业后，能够迅速适应职场环境并直接应用所学知识。这种策略不仅提高了学生的就业率，也为企业输送了符合岗位要求的人才，促进了教育与产业的深度融合。

职业教育特别强调实践教学，通过实习、实验和项目驱动学习等方式，学生在真实或模拟的工作环境中进行训练。这种实践导向的教学模式，不仅增强了学生的动手能力，还为其积累了宝贵的实际操作经验。在这种环境下，学生能够更好地理解理论知识的应用场景，提高解决实际问题的能力。这种教学方法，也让学生在毕业时已经具备了一定的职场经验，缩短了从学校到工作的适应期。

此外，职业教育注重与行业标准的对接。课程内容和考核方式通常与职业资格认证相一致，使学生在学习过程中就能接触到行业标准和认证要求。这种对接不仅提升了学生的就业资格，还提高了他们在市场中的被认可度。通过获得相关职业资格证书，学生在求职时可以展示其专业能力和行业认可度，增加了竞争优势。

（二）针对性

职业教育的特点之一是其高度的针对性。这种针对性体现在职业教育课程设计的过程中，课程往往根据特定行业的需求进行精心设计，确保学生在学习过程中能够掌握行业内通用的技能和知识。这种课程设计方法不仅提高了学生的就业能力，也保障了他们在进入职场后能够迅速适应工作环境。随着行业需求的不断变化，职业教育的课程内容也需要进行相应的调整，以确保其始终与实际工作需求保持一致。

职业教育通过与企业的紧密合作，提供定制化的培训方案，以满足不同企业的人才需求。这种合作不仅体现在课程设计上，还包括企业提供的实习和实践机会。通过这种方式，学生可以在真实的工作环境中应用所学知识，进一步提升其职业技能。这种企业与教育机构之间的合作模式，不仅提高了教育的实用性，还有效地缩短了学生从学校到职场的过渡时间，增强了学生的就业竞争力。

职业教育的招生政策和培养目标也会根据市场需求的变化进行调整，以便培养出适应性强的人才。职业教育需要灵活应对快速变化的经济环境，不断调整其人才培养方向，以满足行业和岗位的需求变化。这种灵活性不仅体现在课程设置上，还体现在招生政策的制定上，使职业教育能够更好地服务于社会经济的发展。

职业教育采用灵活的教学模式，如在线学习和模块化课程，以适应学生的个性化学习需求。学生可以根据自身的学习节奏和兴趣选择合适的课程和学习方式。这种灵活的教学安排，不仅提高了学习的效率，也使职业教育能够更好地适应现代社会对终身学习的需求，为学生提供了更多的学习和发展机会。

（三）灵活性

1. 教学时间

灵活性是职业教育的显著特点之一。这种灵活性首先体现在教学时间的安排上。职业教育课程的设计能够根据学生的具体情况进行调整，以适应不同学习者的需求。这种灵活安排不仅有助于提高学生的学习效率，还能够更好地满足他们在学习过程中的个性化需求。例如，一些职业教育课程允许学生选择全日制或非全日制学习模式，甚至提供夜校或周末班等选择。这种灵活的时间安排为学生提供了更大的自由度，使他们能够在不影响工作或其他生活安排的情况下，继续接受教育和技能培训。

2. 教学方法

多样化的教学方法，如在线学习、混合学习和模块化课程，被广泛应用于职业教育中，以满足不同学生的学习风格和节奏。在线学习为学生提供了不受时间和地点限制的学习机会，混合学习则结合了传统课堂教学和在线学习的优势，模块化课程允许学生按照自己的节奏选择和完成课程模块。教学方法的多样化不仅提高了学生的学习动力和参与度，还为他们提供了更为个性化的学习体验，帮助他们在职业生涯中更加成功。

3. 课程选择

职业教育的灵活性还体现在课程选择上，学生可以根据个人兴趣和职业目标选择不同的专业方向和课程组合。这种个性化的课程设置使学生能够在学习过程中更好地结合自己的兴趣和职业发展需求，增强学习的自主性和积极性。通过选择适合自己的课程组合，学生能够更好地掌握所需的专业技能，为未来的职业生涯做好充分准备。同时，这种灵活的课程选择也反映了职业教育对学生个性化发展的重视，鼓励学生根据自己的特点和兴趣进行学习和探索。

二、职业教育的功能

（一）技能培养

职业教育核心功能之一便是技能培养。通过精心设计的课程体系，职业教育帮助学生掌握与特定职业相关的专业技能，这不仅增强了他们的就业能力，也为社会经济的发展提供了有力的人才支撑。课程设计通常以行业需求为导向，确保学生在完成学业后能够胜任相应的工作岗位。这种与职业直接相关的教育方式，使学生在进入职场时能够迅速适应，减少了企业的培训成本，同时提高了个人的职业竞争力。

职业教育尤其注重实践训练，通过实习、实验和项目学习等方式，使学生具备实际操作能力。这种实践导向的教学方法能够有效地将理论知识转化为实际应用能力，使学生在真实的工作环境中得心应手。无论是通过校内实验室的模拟操作，还是在企业实习中的真实体验，学生都能在动手实践中不断提高自己的技术水平和解决问题的能力。这种经验的积累，不仅提升了学生的自信心，也为他们未来的职业生涯奠定了坚实的基础。

职业教育的课程内容与行业标准紧密对接，这种紧密联系确保了学生所获得的技能符合市场需求，从而提高了他们的职业资格的认可度。教育机构通常会与行业协会、企业合作，共同开发课程内容，以确保教学内容的前瞻性和实用性。这种合作模式不仅使课程内容更加贴近实际工作需求，也提高了学生在职场中的竞争力，使他们的职业资格在国内外市场上都能得到广泛认可。

职业教育提供灵活的学习路径，学生可以根据个人的职业目标选择相关课程。这种灵活性确保了学生的技能培训与其职业发展方向一致，使他们在职业生涯中能够持续发展。无论是选择全日制学习还是在职进修，职业教育都为学生提供了多种选择，以适应不同的学习需求和职业规划。这种个性化的教育方式，使职业教育能够更好地服务于社会各界，为各行各业培养出更多优秀的专业人才。

（二）社会服务

职业教育通过多种形式的社会服务，积极促进社会就业，帮助降低失业率，并提高社会整体经济水平。职业教育不仅是传授专业技能的过程，更是通过技能培训来增强个体的就业能力，进而推动社会经济的健康发展。职业教育的技能培训项目能够有效地为各行各业输送合格的人才，满足市场对技能型人才的迫切需求，从而在一定程度上缓解就业压力，降低失业率。这种以提升就业为导向的教育模式，不仅提高了个体的经济收入和生活质量，还为社会经济的稳步增长提供了有力支持。

在社区层面，职业教育通过开展各种培训项目，显著增强居民的职业技能，提高他们的生活质量和就业机会。这些项目通常根据社区的实际需求量身定制，旨在为居民提供切实可行的职业发展路径。通过在社区中推广职业教育，居民不仅可以获得新的技能和知识，还能在就业市场上获得更大的竞争力。这种教育服务的社区化实施，不仅促进了社区的经济发展，也提高了居民的整体素质和生活水平。

职业教育机构与地方企业的合作，是推动地方经济发展的关键环节。通过与企业的紧密合作，职业教育能够准确把握企业对技能人才的具体需求，从而调整课程设置和培训内容，培养出符合企业需求的人才。这种合作模式不仅为企业提供了源源不断的技能型人才支持，还为学生提供了丰富的实践机会和就业渠道。地方经济的发展离不开技能型人才的支持，而职业教育正是通过这种方式，促进区域经济的繁荣和可持续发展。

此外，职业教育通过社会服务项目，特别关注弱势群体的职业培训，帮助他们更好地融入社会，实现自我价值。针对弱势群体的职业培训项目，通常免费或低收费，旨在通过提供必要的技能和知识，帮助他们摆脱贫困，获得稳定的就业机会。这不仅有助于提高弱势群体的生活水平，也在一定程度上促进了社会的公平与和谐。

三、职业教育的类型

（一）学历职业教育

学历职业教育是职业教育体系中的一个重要组成部分，旨在通过系统的教育过程，使学生获得职业技术和职业资格。它主要分为中等职业教育和高等职业教育两种形式。中等职业教育通常针对初中毕业生，提供为期三年的职业技能培训和基础知识教育，目的是为学生进入就业市场或继续高等教育打下基础。而高等职业教育则主要面向高中毕业生或同等学历者，提供专科或本科层次的职业教育，强调学生在某一专业领域内的理论知识和实践能力的培养。两者在教育目标、课程设置和教学方法上各有侧重，形成了学历职业教育的多样化特点。

学历职业教育的课程设置是其核心要素之一，强调理论与实践的紧密结合，以满足行业标准和市场需求。课程通常包括专业基础课、专业核心课和实践课程三大类。专业基础课旨在为学生打下坚实的理论基础，专业核心课则侧重于专业技能的培养，而实践课程则通过实习、实训等方式，使学生在真实的工作环境中应用所学知识，提升实际操作能力。这种课程设置不仅有助于学生掌握专业知识，还能培养他们的创新能力和解决实际问题的能力，确保他们在毕业后能够迅速适应工作岗位的要求。

在招生政策方面，学历职业教育依据社会需求进行动态调整，确保培养的人才能够适应不断变化的市场环境。招生政策通常会通过分析行业发展趋势、劳动力市场需求以及区域经济发展状况等因素进行制定和调整，确保所招收的学生能够在毕业后顺利就业。此外，学历职业教育机构还通过与企业合作，开展订单式培养、定向培养等多种招生模式，满足特定行业和企业的人才需求。这种灵活的招生政策不仅提高了教育的针对性，也增强了毕业生的就业竞争力。

（二）短期职业培训

在现代社会中，短期职业培训作为职业教育的重要组成部分，扮演着不可或缺的角色。短期职业培训的定义与特点在于其灵活性和针对性，能够迅速响应市场的变化需求。与传统的长期教育相比，短期职业培训更加注重实用性和时效性，旨在通过短期的学习周期，使学员能够快速掌握市场所需的技能。这种培训模式尤其适合那些希望在短时间内提升就业竞争力的人群，为他们提供了一个快速适应职场变化的有效途径。

短期职业培训的课程内容通常聚焦于特定技能的快速掌握，帮助学生在短时间内提升就业竞争力。这类课程往往根据市场的需求和行业的发展趋势设计，确保学生所学即所需。课程内容涵盖广泛，从信息技术、市场营销到手工艺制作等各个领域。通过这种有针对性的技能培训，学生能够在短时间内获得实用的技能，从而提高自身在就业市场中的竞争力，满足企业对人才的即时需求。

短期职业培训的实施方式多样，以适应不同学生的需求和时间安排。在线学习、集中授课和企业内训是常见的几种形式。在线学习为学员提供了灵活的学习时间和地点选择，适合那些需要兼顾工作和学习的人群。集中授课则通过短期的高强度培训，帮助学生在短时间内掌握核心技能。而企业内训则是根据企业的特定需求，为员工量身定制的培训方案，旨在提高员工的实际工作能力。这些多样化的实施方式确保了短期职业培训能够广泛适应不同背景和需求的学生。

（三）继续教育中的职业教育

继续教育中的职业教育主要针对在职人员，帮助他们提升专业技能，以应对快速变化的职业环境和市场需求。随着技术的不断进步和产业结构的调整，职业技能的更新换代速度也随之变快。继续教育中的职业教育不仅为个人提供了提升专业能力的平台，也为企业和社会的整体发展注入了新的活力。通过这种教育形式，学生能够在其职业生涯的不同阶段获得所需的知识和技能，以保持在职场中的竞争力。

继续教育中的职业教育提供了多种灵活的学习方式，以适应学生的工作和生活需求。夜校、周末班和在线课程等形式的学习安排，使学生可以在工作之余进行学习和技能提升。这种灵活性不仅提高了学习的便利性，还鼓励了更多的在职人员参与到职业教育中来。通过这种方式，学生能够在不影响工作的情况下，获得新的知识和技能，为职业发展奠定坚实的基础。这种学习方式的灵活性和便利性，极大地促进了职业教育的普及和推广。

继续教育中的职业教育强调与行业的紧密合作，通过企业定制培训项目，确保课程内容与实际岗位要求相符。这种合作模式不仅提高了课程的实用性，还增强了学生的就业能力和职业适应性。企业参与课程设计和实施，使教育内容更加贴近实际工作需求，学生在学习过程中可以直接应用所学知识和技能到工作中。通过这种方式，继续教育中的职业教育能够为学生提供更具针对性的培训，帮助他们在职业生涯中取得更大的成功。

继续教育中的职业教育注重职业发展规划，帮助学生制定个人职业目标，并通过课程选择和技能培训来实现这些目标。职业教育不仅关注当前的技能提升，还着眼于学生的长远发展。通过科学的职业发展规划，学生能够更清晰地了解自己的职业方向和发展路径。继续教育中的职业教育通过个性化的课程设置和指导，帮助学生在职业生涯中不断进步，实现个人价值的最大化。这种以职业发展为导向的教育模式，为学生的长远发展提供了有力支持。

四、职业教育的层次

（一）中等职业教育

中等职业教育在职业教育体系中占据重要位置，其目标在于培养具备一定专业技能和职业素养的技术型人才，以适应地方经济和行业发展的需求。这一教育层次通过提供专门的职业培训，使学生能够在特定领域内获得必要的技能，从而为地方经济的发展贡献力量。中等职业教育不仅关注学生的学术能力，更强调其在实际工作中的应用能力，为地方经济提供了源源不断的技术支持。

在课程设置方面，中等职业教育通常采用理论知识与实践技能相结合的模式，强调实践操作能力的培养。这种模式不仅帮助学生掌握必要的理论知识，还通过大量的实践课程提升其动手能力，使其能够在毕业后迅速适应工作岗位。这种注重实践的教学方法，确保了学生在离开校园后，能够直接进入工作环境，减少了企业在新员工培训上的时间和成本。

中等职业教育的招生对象主要是初中毕业生，为其提供多样化的专业选择，满足不同学生的兴趣和职业发展方向。这一层次的教育为学生提供了从事各类职业的机会，无论是传统行业还是新兴产业，学生都可以根据自己的兴趣和能力选择合适的专业方向。通过多样化的课程设置，中等职业教育不仅满足了学生的个性化需求，也为社会输送了多元化的人才。

中等职业教育注重与地方企业的合作，通过实习和实训基地的建设，为学生提供真实的工作环境和实践机会。这种校企合作模式，不仅增强了学生的实践能力，也提高了其就业竞争力。通过在真实环境中的实习，学生能够更好地理解行业需求，提升自身的职业素养和适应能力，为未来的职业发展奠定坚实基础。

（二）高等职业教育

高等职业教育是职业教育体系中的重要组成部分，其目标在于培养具备较高专业技能和创新能力的应用型人才，以满足行业对高素质技术人才的需求。与传统的学术型教育不同，高等职业教育更加注重实践能力的培养，强调学生在真实情境中的动手能力和解决问题的能力。这种教育形式不仅要求学生掌握扎实的理论知识，还需具备将理论应用于实践的能力，以便在未来的职业生涯中能够迅速适应并胜任复杂的工作环境。

在课程设置方面，高等职业教育强调理论与实践的深度融合。课程设置通常采用项目驱动学习的方式，鼓励学生通过参与实际项目来理解和应用所学知识。这种学习方式不仅提升了学生的综合素养和实际操作能力，还培养了他们的团队合作精神和创新意识。此外，实习实践也是高等职业教育的重要组成部分，通过在企业中的真实工作体验，学生可以将课堂所学与实际操作相结合，进一步巩固和深化其职业技能。

高等职业教育注重与行业的紧密合作，通过建立校企合作机制，确保课程内容与企业实际需求相匹配。这种合作不仅为学生提供了丰富的实习机会，也为学校的课程设置提供了及时的行业反馈，使教育内容能够紧跟行业发展趋势。这样的安排大大提升了学生的就业竞争力，使他们在毕业后能够更好地适应职场需求，成为企业所需的高素质技术人才。

在招生对象方面，高等职业教育主要面向高中毕业生，提供多样化的专业选择，以帮助学生根据自身兴趣和职业规划进行个性化发展。不同于传统的高等教育，高等职业教育更加灵活，能够根据学生的实际需求和兴趣调整教育内容。这种教育模式不仅满足了学生的个性化发展需求，也为社会提供了多元化的人才储备，促进了社会经济的全面发展。

（三）成人职业教育

职业教育体系中的成人职业教育，旨在为在职人员提供灵活的学习机会，以帮助他们在快速变化的职场中保持竞争力。其目标不仅是提升学生的专业技能，还包括应对职场变化带来的挑战。成人职业教育的课程设计通常以实用性为导向，强调与工作相关的技能培训。这种设计理念确保了课程内容能够直接应用于学生的工作环境，从而满足成人学习者的实际需求。通过这种方式，成人职业教育不仅提升了学生的职业技能，还增强了他们在职场中的适应能力。

在教学模式方面，成人职业教育采用多种灵活的方式来适应学生的工作和生活安排。在线学习、夜校和周末班是成人职业教育中常见的教学形式，这些模式为学生提供了在工作之余继续学习的机会。在线学习尤其受到欢迎，因为它打破了时间和空间的限制，使学生可以在任何地点、任何时间进行学习。此外，夜校和周末班的设置也为那些需要面对面交流的学生提供了便利。这些灵活的教学模式不仅提高了学习的可及性，还增强了学生的学习体验。

成人职业教育还特别重视职业发展规划，帮助学生制定和实现个人职业目标。通过职业发展规划，学生可以更清晰地了解自身的职业发展路径，并根据个人兴趣和市场需求进行调整和优化。成人职业教育机构通常会提供职业咨询服务，协助学生进行职业定位和发展策略的制定。这种支持不仅帮助学生提升了职业发展潜力，还增强了他们在职场中的信心和竞争力。

第二节　职业教育的理论基础

一、职业教育的社会学理论基础

（一）社会分层理论

社会分层理论是理解职业教育在现代社会中作用的关键理论之一。该理论强调教育在社会结构中的重要作用，认为职业教育不仅提供技能和知识，还可以作为社会流动的有力工具。通过职业教育，个人有机会实现向上流动，从而改善自身的社会经济地位。在这一理论视角下，职业教育被视为促进社会公平和流动的重要渠道。然而，社会分层理论也提醒我们，职业教育的效果在很大程度上受到社会结构的制约。

职业教育的质量和类型与社会经济地位的关系也在社会分层理论中得到了深入探讨。社会经济地位高的个体通常有条件选择更高质量的职业教育项目，这不仅包括教育设施和师资力量，还涉及课程内容和教学方法的优劣。这样的选择权使得他们在职业生涯中更具优势。而社会经济地位低的个体则可能受限于经济条件和社会资源，无法获得同等水平的教育支持，导致其职业发展受到限制。

社会分层理论还关注职业教育对社会不平等的影响。通过提供技能培训和职业指导，职业教育有潜力缩小不同社会群体之间的差距。然而，这一过程并非自动实现的，职业教育的设计和实施需要特别关注如何公平地分配教育资源，以确保所有社会群体都能从中受益。只有这样，职业教育才能真正发挥其促进社会平等的作用。

（二）社会角色理论

在职业教育理论基础中的社会角色理论不仅关注知识和技能的传授，更强调帮助学生理解和适应其未来职业角色的过程。这一理论认为，职业教育的最终目标是让学生能够在复杂多变的职场环境中找到自己的位置。通过对职业角色的深刻理解，学生能够更好地适应职场的要求，从而实现个人与职业的和谐发展。社会角色理论为职业教育提供了一个全新的视角，使教育者在培养学生的过程中，能够更加关注他们的社会身份和角色期望。

社会角色理论强调个体在职业教育中的角色认知，这对学生的学习动机和职业选择有着深远的影响。学生对自己在职业中的角色认知越清晰，他们在学习过程中就越能保持高昂的积极性和明确的目标。这样的角色认知不仅影响他们的学习态度，还直接关系到他们未来的职业发展路径。通过这种理论的指导，职业教育能够更有效地帮助学生规划职业生涯，使其在进入职场后能够迅速找到适合自己的发展方向，并在职业生涯中取得成功。

社会角色理论指出，职业教育应关注学生的社会身份和角色期望，帮助他们在职业环境中找到适合自己的定位。这意味着职业教育不仅要教会学生专业技能，还要帮助他们理解自己在社会和职场中的角色。这种理解能够增强学生的自信心，使他们在面对职场挑战时能够从容应对。通过职业教育的培养，学生能够更清晰地认识到自己的优势和不足，从而在职场中找到最适合自己的角色定位，实现个人价值的最大化。

社会角色理论还指出，职业教育应通过模拟真实工作环境，帮助学生在实践中体验和扮演不同的职业角色。这种实践体验能够增强学生的职业适应能力，使他们在进入职场时能够迅速适应不同的工作角色和任务。通过模拟真实的工作场景，学生能够更好地理解职场的实际运作方式，并在实践中不断调整和提升自己的职业技能和角色认知。这种以实践为导向的教育方式，使职业教育更加贴近职场需求，为学生的职业发展奠定了坚实的基础。

（三）社会资本理论

社会资本理论在职业教育的社会学理论基础中占据重要地位，其核心在于强调人际关系和网络的价值。在职业教育的背景下，良好的社会关系不仅是学生获取信息和资源的渠道，更是他们在学习和就业中获得更多机会的关键。通过社会资本理论的视角，职业教育不仅是知识和技能的传授过程，更是社会关系的构建过程。学生在学习过程中通过与同学、教师及其他社会成员的互动，积累了宝贵的社会资本，这为他们未来的职业发展奠定了坚实的基础。

教育机构在职业教育中应积极建立与行业和社区的联系，以增强学生的社会网络。社会资本理论指出，教育机构不仅是知识的提供者，更是连接学生与社会的重要纽带。通过与行业的紧密合作，学校可以为学生提供实习和就业机会，帮助他们在真实的职场环境中积累经验。此外，与社区的互动也能让学生更好地了解社会需求，从而在职业选择中作出更为明智的决策。这种联系的建立不仅促进了学生的职业发展，也提升了教育机构的社会影响力。

社会资本理论强调，资源共享和合作是职业教育成功的关键。学生之间的合作学习和团队项目，不仅提高了学习效率，也增强了他们的合作能力和解决问题的能力。通过共享资源，学生可以更好地应对学习过程中的挑战，并在就业市场中展示出更强的竞争力。这种资源共享的意识和能力，是职业教育需要着重培养的素质之一。

社会资本理论还强调职业教育应重视培养学生的社会责任感，鼓励他们积极参与社会活动。这不仅有助于增强学生的社会认同感，还能提升他们的职业道德。通过参与社会实践，学生可以更好地理解社会需求，增强对社会的责任感和归属感。这种社会责任感的培养，不仅提升了学生的个人素质，也为他们在职业生涯中履行社会责任奠定了基础。职业教育因此不仅是职业技能的培训，更是社会责任感的塑造过程。

二、职业教育的教育学理论基础

（一）建构主义理论

建构主义理论在职业教育中的应用，强调学生在知识构建过程中的主动性，认为学生应通过实践和探索主动获取知识，而非被动接受信息。这一理论的核心在于学生不是知识的被动接受者，而是通过自身的经验和活动构建知识的积极参与者。在职业教育中，建构主义理论的应用为学生提供了一个自主学习的环境，鼓励他们通过探索和实践，获得更为深刻的理解和技能掌握。这种学习方式不仅提升了学生的学习动机，还培养了他们的创新能力和问题解决能力。

在职业教育中，建构主义理论倡导通过项目驱动学习和真实情境模拟，帮助学生在实际操作中理解和应用所学知识。项目驱动学习是将学生置于真实的工作情境中，通过完成具体项目来促进知识的应用和技能的掌握。这种学习模式不仅提升了学生的实践能力，还增强了他们的团队协作和沟通能力。此外，真实情境模拟使学生能够在接近现实的环境中进行学习，帮助他们更好地理解职业角色和工作流程。这种方法有效地缩短了课堂学习与实际工作的距离，提高了职业教育的实效性。

建构主义理论强调社会互动在学习过程中的重要性，认为学生通过与同伴和教师的交流合作，可以更有效地构建知识和技能。职业教育中的合作学习模式，通过小组讨论、团队项目和角色扮演等方式，促进了学生之间的知识共享和协作学习。教师在这一过程中扮演指导者和促进者的角色，帮助学生在互动中深化理解。这种互动不仅促进了学生的社会技能发展，还培养了他们的批判性思维和创造性解决问题的能力，为未来的职业发展奠定了坚实的基础。

在职业教育中，建构主义理论提倡反思性学习，鼓励学生在实践后进行自我评估和反思，以促进深层次的理解和持续改进。反思性学习使学生在实践活动后，能够主动思考和评价自己的学习过程和结果，识别自身的优势和不足。这种自我评估和反思的过程，帮助学生不断调整学习策略，优化学习效果。通过反思，学生不仅能够深化对知识的理解，还能培养持续改进的意识和能力，为终身学习打下良好的基础。

（二）多元智能理论

多元智能理论作为职业教育的重要理论基础之一，强调每个学生在不同智能领域中所具备的独特潜能。霍华德·加德纳提出的这一理论，打破了传统智力观念的单一性，指出智力不再局限于逻辑和语言能力，而是包括了多种智能类型，如空间智能、音乐智能、身体运动智能等。职业教育在实施过程中，应充分认识到学生在这些智能领域的多样性，并据此进行个性化的教学设计。通过识别和理解学生的智能类型，教育者能够更有效地定制教学内容和方法，从而更好地促进学生的全面发展。

多元智能理论进一步建议，职业教育课程应涵盖多种学习方式，以适应不同智能类型的学生。这意味着课程设计不仅要包括传统的讲授法，还应融入实践活动、项目学习、合作学习等多样化的教学策略。这种多元化的学习方式能够增强学生的学习效果，帮助他们在不同情境中应用所学知识和技能。通过提供多样化的学习体验，职业教育能够更好地满足学生的个性化需求，提升其学习兴趣和参与度。

在职业教育中，情感和社交智能同样被多元智能理论视为关键因素。课程设计应注重培养学生的团队合作和沟通能力，这对于现代职场中的协作和交流至关重要。通过在课程中融入团队项目、角色扮演和社交活动，职业教育能够帮助学生提高情感认知和社交技能。这不仅有助于学生在职场中有效合作，也能提升他们的情商和适应能力，使其更好地应对工作中的挑战和变化。

多元智能理论还鼓励职业教育教师关注学生的兴趣和优势，通过多样化的教学策略激发学生的学习动机和创造力。这需要教师在教学过程中不断探索和应用创新的教学方法，以便更好地激发学生的潜能。通过识别学生的兴趣点，并将其融入教学内容，教师能够提高学生的学习积极性和创造性思维能力。这不仅能使学生在学习过程中获得成就感，也能为其未来的职业发展提供源源不断的动力和支持。

三、职业教育的经济学理论基础

（一）人力资本理论

人力资本理论是职业教育的重要经济学基础之一。该理论认为，教育和职业培训是提升个体技能和知识的重要途径，从而增强其在劳动市场上的竞争力。通过系统的职业教育，个体能够获得与其职业发展相关的专业技能和知识储备，这不仅提高了他们的就业能力，也为其在职业生涯中的持续发展奠定了基础。在现代经济中，随着技术的不断进步和产业结构的变化，职业教育的角色愈发重要，它不仅是个体职业发展的助推器，也是国家经济增长的关键因素之一。

人力资本理论强调投资于教育和职业培训的长期收益，这种投资不仅体现在个体层面，也在宏观经济层面产生深远影响。接受过良好职业教育的个体通常能够获得更高的收入水平和更好的职业发展机会，这种收益不仅限于物质层面，还包括职业成就感和社会地位的提升。对于企业而言，拥有高素质的员工队伍意味着更强的市场竞争力和创新能力，而对于国家而言，职业教育的普及和质量提高则是推动经济持续增长的重要动力。

该理论还指出，个体的教育水平和技能储备直接影响其就业机会和职业稳定性，形成正向循环。高水平的职业教育使个体在劳动力市场上具有更强的竞争力，能够更好地适应岗位需求的变化，从而实现就业的稳定性和持续性。这种正向循环不仅有助于个体职业生涯的发展，也为社会的和谐与稳定提供了保障。因此，职业教育在提升个体就业能力的同时，也在促进社会经济的良性循环。

人力资本理论还指出，持续的职业教育和技能培训对于适应快速变化的经济环境至关重要，帮助劳动者保持就业能力。随着技术的快速迭代和产业的不断升级，劳动者面临的挑战也在增加。通过持续的职业教育和技能培训，劳动者能够及时更新知识储备，掌握新兴技术，从而在劳动力市场上保持竞争力。这种持续的学习和适应能力，不仅是职业发展的保障，也是经济社会发展的重要支撑。

（二）劳动力市场理论

劳动力市场理论是职业教育经济学理论的重要组成部分，它深刻分析了劳动供给与需求之间的动态关系。该理论认为，职业教育在满足市场需求方面扮演着关键角色。随着经济结构的不断变化，劳动力市场对技能的需求也在不断调整，这要求职业教育必须具有灵活性和前瞻性，以确保培养的学生能够迅速适应市场的变化。通过对劳动力市场的分析，职业教育可以更好地调整教育目标和课程内容，从而提高教育的针对性和实效性。

劳动力市场理论进一步指出，劳动力市场的变化直接影响职业教育的课程设置。为了使学生所学技能与市场需求相匹配，职业教育必须密切关注市场动向，及时更新课程内容。这不仅涉及新兴行业和技术的引入，还包括对现有课程的不断优化和改进，以应对市场需求的变化。通过这种方式，职业教育能够有效地提高学生的就业能力，使他们在毕业后能够迅速融入工作岗位，满足企业的用人需求。

此外，劳动力市场理论强调技能匹配的重要性，认为职业教育应致力于提高学生的就业能力和市场适应性。技能匹配不仅是个体就业成功的关键，也是提高整体经济效率的必要条件。职业教育通过提供与市场需求高度一致的技能培训，可以有效地减少技能不匹配带来的资源浪费，提升劳动者在市场中的竞争力。这样，职业教育不仅为个人提供了发展机会，也为社会经济的发展奠定了坚实的基础。

（三）产业经济理论

在研究职业教育的理论基础时，产业经济理论提供了一个重要的视角。产业经济理论强调产业结构对职业教育的影响，指出不同产业的发展水平和结构特征直接决定了对技术人才的需求类型和数量。这一理论的核心在于理解产业与教育之间的互动关系，尤其是在现代化经济体系中，技术革新和产业升级的速度加快，职业教育必须时刻关注这些变化，以便及时调整教育目标和内容，培养出符合市场需求的人才。

产业经济理论进一步指出，职业教育应根据产业发展趋势和技术进步调整课程设置。这种调整不仅是课程内容的更新，更涉及教学方法、实训基地的建设以及师资力量的提升等多个方面。通过紧密跟踪产业发展的脉搏，职业教育可以确保学生在校期间就能掌握最新的行业技能，从而在毕业后迅速适应工作岗位。这种与产业同步发展的教育模式，有助于缩短毕业生的就业适应期，提高就业质量。

此外，产业经济理论还关注技能供给与行业需求之间的动态平衡。职业教育在优化人力资源配置和提升产业竞争力方面扮演着关键角色。通过对行业需求的精准分析，职业教育可以在技能培训上做到有的放矢，避免人才供给与市场需求的错位。这种动态平衡的实现，不仅能提高个体的就业竞争力，也能为企业输送高素质的人才。

同时，该理论还探讨了产业集聚效应对职业教育的影响。产业集聚区域往往能吸引更多的教育资源和人才，这为职业教育与产业的深度融合提供了良好的条件。在这些区域，职业教育机构可以更好地与企业合作，开展订单式培养、校企合作项目等，实现教育与产业的无缝对接。这种合作模式不仅提高了教育的实效性，也为产业的持续发展提供了源源不断的人才支持。

四、职业教育的文化学理论基础

（一）文化传承理论

文化传承理论在职业教育中发挥着至关重要的作用，它强调职业教育不仅是技能的传授，更是社会文化遗产的保护和传承。通过这种教育模式，学生能够深入了解和尊重传统文化，从而在职业发展中融入文化价值观。文化传承理论认为，职业教育课程应当设计得富有地方文化特色，这不仅有助于学生在技能学习中增强对本土文化的认同感和归属感，还能在情感上与所学专业产生更深的联结。通过这种方式，学生不仅成为专业技术的掌握者，更成为文化传承的载体，进一步推动社会的文化持续性发展。

在职业教育的实施过程中，文化传承理论强调课程设置和实践活动的结合。课程设计应当包含行业文化的相关内容，以帮助学生在具体的职业实践中理解和应用这些文化元素。通过实地考察、项目实践等方式，学生可以在真实的职业环境中体验文化的影响，从而提升职业道德和责任感。这种理论主张职业教育不仅是技术的训练，更是文化素养的提升，帮助学生在未来的职业生涯中成为具备文化意识的专业人才。

师资队伍在文化传承中扮演着关键角色，文化传承理论指出，具备丰富文化背景的教师能够更好地引导学生理解和继承行业文化。教师不仅是知识的传授者，更是文化的传播者，他们通过自身的文化素养和教育方法，将行业文化融入教学过程。教师的文化背景和教学风格对学生的文化认同和职业道德形成有着深远影响，因此，职业教育机构应注重师资的文化背景和培训，以提高教育质量和增强文化传承效果。

（二）文化适应理论

文化适应理论是职业教育领域中一个重要的理论框架，它强调职业教育应根据不同的文化背景和社会环境调整教学内容和方法。这种调整不仅有助于满足学生的多样化需求，还能在更广泛的社会背景下促进学生的全面发展。通过结合文化适应理论，职业教育可以更好地理解和回应学生在不同文化背景中的学习需求，从而提高教育的有效性和针对性。

在文化适应理论的指导下，职业教育特别关注学生在多元文化环境中的学习体验。该理论强调通过文化适应性训练，提升学生的跨文化沟通能力和适应能力。这一过程不仅涉及语言和沟通技巧的培养，还包括对文化差异的敏感性和理解力的提高。通过这种训练，学生可以更好地融入不同的文化环境，增强其在全球化背景下的竞争力。

文化适应理论主张职业教育应融入文化敏感性教育。这种教育旨在帮助学生理解和尊重不同的文化价值观，从而促进和谐的职业关系。通过这种教育，学生可以学会欣赏和尊重文化差异，这对于他们在多元化的工作场所中有效合作和沟通至关重要。文化敏感性教育不仅是职业教育的一部分，也是培养学生成为全球公民的重要途径。

该理论还提倡在职业教育中开展文化交流活动，通过实践和互动，增强学生对多元文化的认知和接受度。文化交流活动可以采取多种形式，如国际交流项目、文化主题工作坊等。这些活动不仅丰富了学生的学习经历，还为他们提供了直接接触和体验不同文化的机会，从而加深其对多元文化的理解和接受。

第三节　职业教育的模式

一、职业教育的双元制教育模式

（一）双元制的基本概念

双元制教育模式是一种将理论学习与实践培训相结合的教育体系，旨在通过学校与企业的紧密合作，为学生提供全面的职业准备。在这一模式中，学生不仅在职业学校接受系统的理论知识，还在企业中进行实习，提高他们的实际操作能力。这种教育模式的核心在于通过积累实际工作经验，使学生能够更好地适应未来的职业环境，从而提升他们的就业竞争力。双元制教育模式强调教育与行业需求的紧密结合，课程内容可以根据行业动态进行灵活调整，以确保学生所学的知识和技能与市场需求保持一致。

在双元制教育模式下，学生的学习过程具有高度的主动性和参与感。通过在企业中的实习，他们能够在真实的工作环境中应用所学的理论知识，这不仅提高了学习效率，也增强了学生的职业素养。企业在这一过程中扮演着重要角色，不仅提供实习机会，还参与课程设计中，以确保教育内容的实用性和前瞻性。这样的合作关系使双元制教育模式成为培养高素质职业人才的重要途径，为学生提供了一个理论与实践相结合的学习平台。

此外，双元制教育模式强调学生在学习过程中的主动性和参与感，使他们能够在真实的工作环境中应用所学知识，从而提高学习效率。在企业实习期间，学生不仅是知识的接受者，更是知识的实践者和创新者。他们通过亲身参与企业的生产和管理过程，积累了宝贵的实践经验，这种经验是课堂教学无法替代的。通过这样的教育模式，学生不仅提高了专业技能，也培养了适应复杂工作环境的能力，为未来的职业发展奠定了坚实的基础。

（二）双元制的实施要点

1. 学校与企业的合作

在职业教育的双元制模式中，明确学校与企业的合作机制是至关重要的。

建立稳定的双元制教育伙伴关系，能够确保学生在实践中获得有效的指导和支持。这一合作机制不仅需要双方在战略层面达成一致，还需在实际操作中建立具体的合作框架。通过定期的沟通和反馈，学校和企业可以共同制定教育目标，确保学生在企业环境中获得与学术教育相辅相成的实践经验。这种合作还可以帮助企业获得更符合实际需求的潜在员工，从而实现双赢。

2．课程体系

课程设计应结合行业需求，确保理论学习与实践培训的有机结合。通过与企业的密切合作，学校可以不断更新课程内容，使其更贴近实际工作场景。这种动态调整的课程体系能够帮助学生在真实工作环境中应用所学知识，提升其实际操作能力。此外，课程的灵活性也为学生提供了更多选择，使他们能够根据自身兴趣和职业规划进行学习，从而提高学习的积极性和效率。

3．教师

教师在双元制教育中的作用不可忽视，其职业发展直接影响到教育质量。鼓励教师参与行业实践与培训，不仅可以提高其在双元制教育中的指导能力，还能丰富其实践经验。通过与企业的合作，教师能够更深入地了解行业动态和需求，从而在教学中融入更多实际案例和经验。这样的职业发展路径，不仅提高了教师的专业水平，也为学生提供了更为真实和丰富的学习体验。

二、职业教育的能力本位教育

（一）能力本位教育的核心理念

能力本位教育的核心理念在于培养学生在实际职业环境中应用知识和技能的能力。这种教育模式强调实践操作的重要性，要求学生不仅掌握理论知识，还要具备将这些知识转化为实际操作的能力。通过这种方式，学生在进入职场后能够更快地适应工作环境，满足岗位需求。能力本位教育的一个显著特点是它的实用性，这与传统的以理论为主的教育模式形成鲜明对比。通过强调实践学习，能力本位教育为学生提供了一个将理论和实践相结合的平台，使他们在学习过程中能够直接体会到所学内容的实际应用价值。

能力本位教育关注学生的个体差异，强调个性化的教育方案。这种教育模式认识到每个学生的学习能力和需求是不同的，因此在课程设计上采取灵活的策略。个性化学习目标和课程内容的制定，是为了更好地满足不同学生的学习需求，帮助他们在自己的节奏下掌握必要的技能。能力本位教育通过这种方式，尊重学生的个体差异，鼓励他们发挥自己的潜力。这种个性化的教育方式，不仅提高了学生的学习效率，还增强了他们的学习动力和自信心，使他们能够在未来的职业生涯中更好地发挥自己的优势。

在评估方式上，能力本位教育强调多样化。传统的考试方式往往只关注学生的理论知识，而忽视了对实践能力的考核。能力本位教育则通过多种评估方式，如实践考核、项目展示等，全面反映学生的能力水平。这种多元化的评估方式，不仅为学生提供了展示自己实际操作能力的平台，还促使他们在学习过程中更加注重实践技能的掌握。通过这种方式，能力本位教育能够更准确地评估学生的综合能力，为他们的职业发展提供更有针对性的指导和支持。

（二）能力本位教育的课程设计

1. 明确课程目标

能力本位教育的课程设计其核心在于明确课程目标，确保每门课程都设定清晰的能力培养目标。这不仅为学生的学习提供了明确的方向，也为评估标准的制定奠定了基础。在这种教育模式下，课程目标的明确性至关重要，它能够帮助学生了解学习的具体要求和期望的能力水平，从而更好地规划自己的学习路径。此外，明确的课程目标也为教师提供了指导，使其能够有针对性地设计教学活动和评估任务，确保学生在学习过程中能够有效地提升相关能力。

2. 课程内容设计

在能力本位教育中，课程内容的设计尤为关键。基于工作任务的课程内容设计是其重要特征之一。这种设计理念强调课程内容与实际工作场景的紧密结合，使学生能够在真实或模拟的环境中学习和应用技能。通过将课程内容与工作任务相结合，学生不仅能够掌握理论知识，还能在实践中锻炼和提升自己的技能。这种教学模式不仅提高了学生的学习积极性，也增强了他们在未来职业生涯中的竞争力，使其能够更快地适应职场需求。

3．职业素养融入

课程设计将沟通能力、职业道德和团队合作等职业素养的培养与专业技能培训相结合，可以有效提升学生的综合素质。这种综合素质的提升不仅体现在学生的专业能力上，也体现在他们的职业行为和态度上。通过在课程中融入职业素养的培养，学生能够更好地理解职业要求，提升自身的职场适应能力，为未来的职业发展奠定坚实的基础。这种综合培养模式在全球职业教育的发展中具有重要的借鉴意义。

三、职业教育的订单式培养模式

（一）订单式培养的合作机制

订单式培养模式其核心在于建立企业与职业院校之间的长期稳定合作关系。这种合作机制不仅能够确保培养目标与行业需求的紧密对接，还能有效提高职业教育的质量和效益。通过订单式培养，职业院校可以根据企业的具体需求，灵活调整课程内容和教学方法，使学生所学技能能够精准匹配实际工作岗位的要求。这种模式不仅促进了职业教育的实用性和针对性，也为学生提供了更为稳定的就业。

在订单式培养模式中，企业承担了实际培训的重要责任。企业不仅提供实习岗位，还积极参与课程设计和学生表现的评估环节。通过这种深度参与，企业能够确保学生在校期间所接受的教育与行业实践紧密结合，从而提升学生的实践能力和职业素养。此外，企业的参与也为职业院校的课程设置提供了宝贵的行业视角与反馈，确保教育内容的前瞻性和实效性。这种双向互动的合作机制，使职业教育的培养过程更加贴近市场需求。

职业院校在订单式培养中扮演着灵活调整者的角色。根据企业的具体需求，院校需要不断更新和完善课程内容及教学方法，以确保学生在校期间所掌握的技能能够满足企业的实际工作要求。这种灵活性不仅体现在课程内容的调整上，也体现在教学方法的创新中。通过与企业的紧密合作，职业院校能够及时获取行业动态和技术发展趋势，在教学中融入最新的行业标准和技术规范，为学生提供更为实用的技能培训。

通过订单式培养，学生在学习过程中能够获得真实的工作经验和职业素养。

这不仅增强了学生的就业能力和市场竞争力，也为企业提供了高素质的后备人才。订单式培养模式的成功实施，不仅需要企业和职业院校的紧密合作，还需要政策支持和社会各界的共同努力。只有在多方协作的基础上，订单式培养模式才能在职业教育中发挥其最大效能，为社会培养出更多符合市场需求的高技能人才。

（二）订单式培养的课程设置

在职业教育的订单式培养模式中，课程设置是其关键环节之一。订单式培养的课程设置应当紧密围绕企业的具体岗位需求，以确保学生所学技能能够与实际工作要求相匹配。这种模式的核心在于通过精准的课程内容，使学生在毕业后能够迅速适应工作岗位的要求，减少企业的培训成本，提高就业率。课程设置不仅要涵盖理论知识，还需注重实践技能的培养，使学生在学习过程中能够掌握企业所需的专业技能。

为了实现这一目标，订单式培养的课程设置中应包括企业参与的模块。企业专家的参与能够为学生提供行业前沿的知识和实践经验，帮助学生了解行业动态和技术发展趋势。这种企业参与的模式能够使课程内容更具现实性和针对性，确保学生在校期间所学知识能够在工作中得到有效应用。同时，企业专家的指导还能激发学生的学习兴趣，增强他们对职业发展的信心和热情。

订单式培养课程还应强调项目导向学习，通过实际项目的实施帮助学生提高解决问题的能力。在项目导向学习中，学生能够在真实的项目环境中应用所学知识，锻炼自身的分析能力和创造力。通过参与项目，学生不仅能够提高技术技能，还能培养团队合作、沟通协调等职业素养。这种学习方式能够有效提升学生的综合能力，使其在激烈的职场竞争中具备更强的竞争力。

此外，课程设置中应设计实习环节，让学生在真实工作环境中应用所学知识，积累实践经验。实习环节不仅是学生将理论知识转化为实践能力的重要途径，也是学生了解行业运作和企业文化的机会。通过实习，学生能够更好地理解企业运作模式，提升自身的职业素养和适应能力。实习经历还能够帮助学生明确职业发展方向，为未来的职业生涯打下坚实基础。

四、职业教育的现代学徒制模式

（一）现代学徒制的特点

现代学徒制作为职业教育的一种创新模式，以其独特性在全球范围内受到广泛关注。其核心在于强调理论与实践的紧密结合，学生在学习过程中不再是被动接受知识，而是通过参与实际操作训练，将所学的专业知识应用于真实情境中。这种模式有效地缩短了课堂与工作场所之间的距离，使学生能够在理论与实践的交替中深化理解，提升技能。通过这种方式，学生不仅能够掌握书本上的知识，还能够在实践中验证和调整自己的理解，形成更为全面的职业能力。

在现代学徒制中，企业不仅是提供实习机会的场所，更是职业教育的积极参与者和推动者。企业深度参与课程设计和教学过程，确保教育内容能够紧密贴合行业的发展需求。这种合作模式不仅有助于提升教育的针对性和实效性，也为企业提供了发现和培养潜在人才的机会。企业与教育机构的合作使学徒制的课程设置更具实用性和前瞻性，从而有效地提升了学生的就业竞争力。

现代学徒制还特别强调个性化培养，依据学生的职业兴趣和企业的实际需求，制订灵活的学习计划和目标。这种个性化的培养方案，不仅能够激发学生的学习兴趣和主动性，还能够帮助他们更好地适应未来的职业发展。通过量身定制的学习路径，学生可以在职业教育的过程中不断调整和优化自己的学习方向和目标，从而实现个人职业发展的最优化。

（二）现代学徒制的实施步骤

1. 确定学徒制的目标和培训需求

明确学生在企业和学校中的学习任务与职责。通过这样的明确，学生不仅能够在学习中有的放矢，还能在企业实践中更好地应用所学知识，实现理论与实践的有机结合。目标的设定应结合行业发展趋势和企业实际需求，以确保学徒制培养的人才能够适应市场的变化，并在未来职业发展中占据优势。

2. 建立企业与职业院校的合作协议

合作协议需要明确校企双方在学徒培养中的角色和责任，确保企业与院校在学生培养过程中形成合力。企业负责提供真实的工作环境和实践机会，而院校则负责理论知识的传授和学生的学术发展。通过这种明确的分工，学生能够在实践中获得全面的职业素养和技能。同时，合作协议还需包括双方的沟通机制，以便及时解决实施过程中可能出现的问题。

3. 设计灵活的课程体系

课程设计应充分体现理论学习与实践培训的有机结合，确保学生能够在实际工作中应用所学知识。这种课程体系不仅需要考虑到职业院校的教学目标，还需融入企业的实际需求和行业标准。通过灵活的课程设计，学生可以在学习中不断调整和优化自己的学习路径，从而更好地适应未来的职业挑战。

4. 注重师徒关系的建立

通过企业导师的指导和支持，学生能够在真实工作环境中获得专业技能和职业素养。导师不仅是学生学习的引导者，更是职业发展的榜样。通过与导师的互动，学生可以更深入地了解行业动态和职业道德，从而更好地融入职场文化。师徒关系的建立不仅有助于学生的个人成长，也为企业培养未来的优秀员工奠定了基础。

第二章　职业教育对乡村振兴的支持作用

第一节　基于职业教育支持的乡村产业振兴

一、基于职业教育支持的乡村产业结构优化

（一）产业结构调整策略

产业结构调整策略是实现乡村振兴的重要途径。通过分析乡村现有产业结构，识别出低效益或过剩的产业环节，进而引导资源向高附加值和可持续发展的产业转移。职业教育在这一过程中，不仅能够提供理论指导，还能通过技能培训和知识普及，推动新兴产业的兴起和传统产业的升级。具体而言，职业教育可以通过开设与乡村产业需求相匹配的课程，培养出适合乡村发展的专业人才，为产业结构调整提供智力支持和人力资源保障。

职业教育课程设置与乡村产业需求的对接是实现乡村产业振兴的关键。职业院校应根据当地产业特点和发展需求，灵活调整课程内容和教学方式，确保所培养的人才能够直接服务于乡村产业的发展。通过调研和分析乡村产业需求，职业院校可以设计出针对性强的课程模块，涵盖农业、制造业、服务业等多个领域。这种课程设置不仅提高了学生的就业竞争力，也为乡村产业提供了源源不断的人才支持，助力乡村经济的可持续发展。

建立产教融合机制，促进企业与职业院校合作，是推动乡村产业发展的有效途径。通过建立紧密的合作关系，企业可以为职业院校提供实践基地和技术支持，而职业院校则可以为企业输送合格的技术人才。这种双向互动的合作模式，不仅提高了职业教育的实用性和针对性，还推动了乡村企业的技术进步和创新能力的提升。在这一过程中，政府可以发挥协调作用，制定相关政策，鼓励企业和院校共同参与乡村振兴的事业。

开展地方特色产业的职业培训，增强农民就业能力，是实现乡村振兴的重要手段。通过针对地方特色产业的职业培训，农民可以掌握相关的专业技能，提高就业竞争力和收入水平。职业院校应根据地方特色产业的发展需求，设计

和实施相应的培训课程，帮助农民掌握从生产到销售的全产业链技能。这样的培训不仅提升了农民的就业能力，还促进了地方特色产业的可持续发展，为乡村经济注入新的活力。

（二）资源配置优化

资源配置优化在乡村振兴中扮演着关键角色。职业教育作为重要的推动力量，通过优化资源配置，确保教育资源与乡村产业发展需求的紧密匹配，能够有效提升乡村经济的活力和竞争力。职业教育资源的有效配置，不仅是教育机构内部资源的合理分配，更包括与乡村产业发展的深度结合。通过对职业教育资源的优化配置，可以更好地满足乡村产业对技术人才的需求，从而促进乡村经济的可持续发展。

1. 优化职业教育资源配置，确保其与乡村产业发展需求相匹配

这一过程需要对乡村地区的产业结构和发展需求进行详细调研，了解当地产业的技术需求和技能缺口。通过这种方式，职业教育可以有针对性地调整和优化课程设置，培养出符合乡村产业需求的人才。同时，职业教育机构还应积极引进先进的教学设备和技术手段，提高教学质量和效率，更好地服务于乡村产业的发展。

2. 推动职业教育与地方企业合作，共享资源与设施

通过与地方企业建立合作关系，职业教育机构可以利用企业的生产实践场景和设施，增强学生的实训机会和实践能力。这种合作不仅有助于学生更好地适应未来的工作环境，也为地方企业提供了源源不断的技术支持和人才储备。此外，企业的参与也能够为职业教育的发展提供资金和技术支持，进一步增强职业教育的实践性与实用性。

3. 建立区域性职业教育资源中心，提高培训效率与质量

区域性职业教育资源中心可以整合区域内的教育资源，形成资源共享和优势互补的教育网络。这种模式不仅可以提高职业教育的培训效率和质量，还能够为乡村产业提供多元化的人才支持和技术服务。通过这种方式，职业教育可以更好地适应乡村产业的发展变化，及时调整培训内容和方向，以满足乡村产业的实际需求。

4．引入社会资本和企业资金，增强职业教育的实践性与实用性

社会资本和企业资金的引入，不仅可以缓解职业教育资金不足的问题，还可以为职业教育的实践教学提供更多支持。通过这种方式，职业教育可以加强与企业的合作，开展更多的实践教学活动，提高学生的实践能力和就业竞争力。同时，社会资本的参与也能够引导职业教育向市场化方向发展，提高职业教育的灵活性和适应性。

二、基于职业教育支持的乡村特色产业培育

（一）特色产业识别

职业教育的介入为乡村特色产业的识别提供了系统化的方法和工具。通过市场调研，职业教育机构能够深入了解乡村的经济现状，识别出具有潜在发展空间和市场需求的特色产业。这一过程不仅是对现有资源的简单梳理，更是通过科学的市场分析，挖掘出乡村产业发展的新机遇。职业教育在此过程中发挥了桥梁作用，将市场需求与乡村资源有效对接，为乡村经济注入新的活力。

结合地方文化和资源优势，职业教育为乡村特色产业的选择提供了明确的方向。每个乡村都有其独特的文化背景和资源禀赋，职业教育通过课程设计和实践教学，帮助学生和当地居民深入理解和挖掘这些优势，进而在产业选择上作出科学决策。例如，某些地区可能适合发展文化旅游，而其他地区则可能在特色农产品加工上更具优势。职业教育通过这种方式，帮助乡村在产业选择上实现差异化发展，促进经济的可持续增长。

在评估乡村特色产业的竞争力和可持续性方面，职业教育引入了数据分析工具。这些工具不仅帮助识别产业发展的短板和优势，还为乡村产业的长远规划提供了科学依据。通过数据分析，职业教育能够为乡村特色产业提供精准的市场定位和发展策略建议，从而提升其在国内外市场中的竞争力。此外，这些分析结果也为职业教育课程的设置提供了重要参考，使教育内容更具实用性和针对性。

（二）特色产品开发

职业教育的支持，能够有效推动特色产品开发在乡村振兴中的进程。职业教育不仅为乡村提供了技术支持，还在特色产品的开发过程中发挥了关键作用。

结合地方特色，开发具有地方文化和传统工艺的特色产品，是职业教育支持乡村产业振兴的核心策略之一。通过职业院校的课程设置和教学实践，学生能够深入了解当地的文化传统和工艺特点，从而在产品开发中注入地方特色。这种结合不仅提升了产品的附加值，也增强了产品在市场上的竞争力。

职业院校通过与地方企业的紧密合作，形成了一个集教学、研究和生产于一体的综合平台。这一合作平台不仅促进了职业院校与企业的共同研发，还为学生提供了实践机会，让学生参与特色产品的研发和生产，使他们能够在真实的生产环境中应用所学知识。这种实践经验不仅提升了学生的就业能力，也为乡村产业的发展注入了新鲜的活力。

开展市场导向的特色产品设计培训，是提升农民产品创新能力的有效方式。在职业教育的框架下，针对农民的培训课程应注重市场需求的分析和产品设计的创新。通过系统的培训，农民能够掌握市场调研、产品设计和营销策略等技能，从而提高产品的市场适应性和竞争力。这种培训不仅提升了农民的个人能力，也促进了整个乡村经济的可持续发展，为乡村振兴奠定了坚实的基础。

利用现代科技手段提升特色产品的生产工艺和市场竞争力，是职业教育支持乡村产业振兴的重要内容。现代科技的应用，如信息技术、自动化设备和新材料技术等，为特色产品的生产提供了新的可能性。职业教育通过培养技术型人才，使他们能够掌握和应用这些现代科技手段，从而在产品的生产过程中提高效率和质量。这不仅提升了特色产品的市场竞争力，也推动了乡村产业的现代化发展，为乡村振兴提供了强有力的技术支持。

（三）特色产业集群化发展

职业教育在乡村振兴中扮演着至关重要的角色，尤其是在特色产业集群化发展方面。特色产业集群化发展不仅是乡村经济发展的重要引擎，也是增强乡村产业竞争力的关键路径。通过职业教育，乡村能够培养出具备专业技能的人才，这些人才在集群内企业的竞争力和协作能力提升方面发挥着重要作用。职业教育不仅是技能的传授，更是为乡村特色产业提供了源源不断的人才支持，助力乡村经济的可持续发展。

建立区域性特色产业集群化发展平台是促进职业院校、地方政府与企业之间信息共享与资源整合的有效途径。这种平台不仅提升了整体产业链的效能，还为各方提供了一个互利共赢的合作机制。在这一过程中，职业教育机构作为人才培养的核心，能够根据市场需求调整课程设置，确保培养出的人才能够满足产业集群发展的需要。地方政府则可以通过政策支持和资源配置，推动区域经济的协调发展。

职业教育在推动乡村特色产业集群的品牌联合方面也发挥着不可忽视的作用。通过职业教育的介入，集群内产品的市场认知度和影响力得以提升，从而增强集群的市场竞争优势。品牌联合不仅是产品的简单叠加，更是通过职业教育引导下的品牌战略规划，使乡村特色产品在市场上形成合力，提升其竞争力。这种品牌效应的形成，不仅有助于乡村经济的振兴，也为职业教育的价值提供了新的体现。

在技术创新与研发方面，职业院校与地方企业的联合是推动特色产业集群技术进步和产业升级的关键。职业教育通过与企业的紧密合作，能够将最新的技术成果引入产业集群中，促进集群内的技术进步。这种合作模式不仅提升了集群的可持续发展能力，也为职业教育提供了实践平台，使学校教育与产业需求紧密结合。通过不断的技术创新，特色产业集群能够在激烈的市场竞争中立于不败之地，实现长远发展。

三、基于职业教育支持的乡村产业市场拓展

（一）市场需求分析

1. 分析乡村产业的市场需求

通过深入分析乡村产业的市场需求，职业教育可以识别出主要消费群体及其偏好。这一过程不仅为职业教育课程设置提供了科学依据，而且有助于培养学生的市场敏感性和适应能力。以乡村特色产品为例，了解其在市场中的竞争力是至关重要的。消费者对产品质量和创新的期望不断提高，这要求职业教育在课程中融入市场分析和产品开发的内容，使学生能够掌握市场导向的技能和知识。

2. 评估乡村特色产品在市场中的竞争力

通过对消费者期望的深入了解，职业教育可以更好地指导学生进行产品设计和创新。这不仅提升了学生的实践能力，也增强了乡村产品在市场中的竞争力。研究乡村产业的市场变化趋势是职业教育内容调整的依据。随着市场需求的变化，职业教育需要及时更新教学内容，以确保学生具备应对新兴市场需求

的能力。这种动态调整不仅提高了教育的实用性，也为乡村产业的发展提供了持续的人才支持。

3. 通过市场调研收集数据

通过市场调研收集数据，为职业教育提供决策依据是市场需求分析的又一重要环节。市场调研能够揭示乡村产业的潜在发展机会，使职业教育可以有针对性地培养符合市场需求的人才。此外，建立市场反馈机制是促进职业教育与乡村产业市场需求动态对接的有效途径。通过反馈机制，教育机构可以实时了解市场的变化和需求，并据此调整课程内容和教学方法。这种双向互动不仅提升了职业教育的实用性和有效性，也为乡村产业的可持续发展提供了坚实的基础。

（二）营销渠道拓展

在当今数字经济时代，乡村产业振兴的关键在于有效拓展营销渠道。通过职业教育的支持，乡村地区可以探索多元化的营销渠道，包括线上电商平台、社交媒体和线下市场。这些渠道的结合不仅能够提升乡村特色产品的市场覆盖率，还能有效地将产品推向更广阔的消费市场。职业教育在这一过程中发挥了重要作用，通过培训和技术支持，帮助乡村企业掌握现代化的营销工具和策略，从而更好地适应市场的变化和消费者的需求。

为了进一步增强乡村产品的市场影响力，建立地方品牌合作机制成为一项重要策略。职业教育可以鼓励和协助乡村企业与知名品牌联手，借助品牌效应来拓展市场影响力。这种合作不仅有助于提升乡村产品的市场竞争力，还能增强其在全国乃至国际市场上的知名度。通过职业教育的指导，乡村企业能够更好地理解品牌合作的价值和运作模式，从而在市场拓展中取得更大的成功。

营销技能培训是职业教育支持乡村产业市场拓展的另一重要方面。通过系统的培训，农民可以提升对市场营销策略、消费者行为分析和品牌推广的理解与应用能力。这些技能的提升不仅能够帮助乡村企业在竞争激烈的市场中站稳脚跟，还能推动乡村经济的整体发展。职业教育的介入，使农民能够更好地掌握市场营销的核心技能，从而在市场中获得更大的话语权和主动权。

（三）产品竞争力提升

职业教育的支持，可以有效提升农民的产品质量意识和乡村产品的竞争力。

在职业教育的过程中，农民被培养得更加重视生产过程中的质量控制，从而提高乡村产品的整体质量水平。职业教育机构通过课程设置和实践指导，使农民掌握先进的质量管理理念和技术，确保产品在市场上具有更高的竞争力。这种以质量为核心的提升策略，不仅增强了产品的市场生命力，也为乡村经济的可持续发展奠定了坚实基础。

为了进一步增强乡村产品的市场吸引力，职业教育应积极开发针对乡村特色产品的创新设计课程。通过引入现代设计理念和技术，鼓励农民在产品设计中融入创新元素，提升产品的市场吸引力和竞争力。职业教育机构通过举办设计工作坊和创新竞赛等活动，激发农民的创造力和设计思维，使其能够设计出更符合市场需求的产品。这种创新设计的推动，不仅提升了产品的附加值，也为乡村产业的升级转型提供了新的动力。

建立乡村企业与职业教育机构的长期合作机制，是确保产品在技术、设计和市场营销等方面持续提升的有效策略。通过这种机制，双方可以共同制订产品改进计划，确保产品在市场上的竞争力。职业教育机构通过提供技术支持和市场分析，帮助企业在产品创新和营销策略上作出正确决策。这种长期合作不仅促进了乡村企业的发展，也为职业教育提供了实践平台，实现了双赢的局面。

第二节　基于职业教育支持的乡村文化振兴

一、基于职业教育支持的乡村文化传承

（一）传统文化技艺教育与传承

职业教育在乡村文化振兴中发挥着重要作用，尤其在传统文化技艺的教育与传承方面。传统文化技艺不仅是乡村文化的重要组成部分，也是乡村振兴的关键资源。职业教育可以将这些技艺系统化、规范化地教授给新一代年轻人，确保其不被时代的洪流淹没。职业教育的课程设置与传统文化技艺的结合，能够有效促进乡村青年对传统技艺的学习与掌握。这种结合不仅可以提升乡村青年的就业能力，还能增强他们对自身文化的认同感与自豪感。

在职业教育中，实践教学是增强学生对乡村传统文化技艺理解和应用能力的有效途径。通过参与实际操作，学生可以更直观地感受到传统文化技艺的魅

力，并在动手实践中提升自身的文化自信。这种教学方式不仅能帮助学生掌握技艺，更能激发他们对传统文化的热爱和传承意愿。职业教育通过实践教学，培养出一批既具备专业技能又具备文化素养的人才，为乡村文化的可持续发展提供了坚实的基础。

为了增强乡村文化的凝聚力与活力，职业教育也应积极鼓励地方社区参与传统文化技艺的传承活动。这种多方协作的教育模式，不仅能增强乡村居民对文化传承的参与感，还能形成一种良性的互动机制，推动文化的共同发展。社区的参与可以为职业教育提供更多的实践场地和资源，同时也能借助教育的力量提升社区的文化氛围。在这种协作模式下，职业教育不仅是知识与技能的传授者，更是乡村文化振兴的重要推动者。

（二）乡土文化知识普及与教育

通过职业教育平台，乡土文化知识得以系统化地传授，帮助学生深入理解本土文化的内涵与价值。在课程开发过程中，结合地方历史和文化特色，设计出符合学生需求的教学内容，不仅增强了学生对本土文化的认同感，也提高了他们对地方文化的理解力。这种教育模式的实施，使乡土文化不再是静态的历史遗产，而是成为活跃在学生生活中的鲜活元素，激发了学生的学习兴趣和探索精神。

为进一步推动乡土文化的保护与传承，职业教育机构组织了多样化的专题讲座和实践活动。这些活动不仅为学生提供了理论学习的机会，还通过实地考察、文化体验等方式，鼓励学生亲身参与到地方文化的保护工作中。在此过程中，学生的社会责任感得到极大提升，他们开始意识到自己在文化传承中的重要角色。同时，这些活动也为学生提供了展示才华的平台，培养了他们的组织能力和团队合作精神，助力乡村文化的可持续发展。

（三）文化传承人的培养与激励

1. 建立乡村文化传承人选拔机制

建立科学的乡村文化传承人选拔机制，可以确保优秀人才的有效培养。该机制应侧重于评估传承人的技艺水平和文化影响力，以识别那些在文化传承中具有潜力和贡献的人才。评估标准的制定需考虑多元化因素，包括技艺的精湛程度、对文化的深刻理解以及在社区中的影响力。这样的选拔机制不仅能够识别出优秀的文化传承人，还能为他们提供一个展示和发展的平台，从而在更大范围内推动乡村文化的传承与发展。

2. 设立乡村文化传承人的奖励制度

奖励制度的设计应当多样化，既包括物质奖励，也涵盖荣誉和社会地位的提升。这样的制度安排，可以增强传承人的社会认同感和自豪感，激励他们在文化传承的道路上不断探索和创新。同时，奖励制度的实施还应关注传承人在社区中的影响力，鼓励他们在技艺传承之外，积极参与社会公益活动，提高其社会地位，从而在社区中树立良好的榜样作用。

3. 培训与交流

开展定期的培训与交流活动是提升乡村文化传承人专业技能与教学能力的有效途径。这些活动不仅为传承人提供了学习和交流的平台，还促进了他们与职业教育机构之间的合作。通过专业的培训，传承人可以学习到最新的教育理念和教学方法，从而更有效地传授技艺。同时，交流活动也为传承人提供了与同行切磋技艺、分享经验的机会，有助于他们在技艺传承中不断进步和创新。这样的合作模式有利于将职业教育的优势与乡村文化传承有机结合，推动乡村文化的可持续发展。

4. 利用现代传播手段

利用现代传播手段增强乡村文化传承人的曝光率和影响力，是吸引更多年轻人参与传统文化学习的重要策略。通过社交媒体、网络平台等现代传播工具，可以将传承人的技艺和文化故事传播到更广泛的受众群体中。这样的传播不仅能够提升传承人的知名度，还能激发年轻人对传统文化的兴趣和热情。现代传播手段的应用，为乡村文化传承注入了新的活力，使传统技艺能够在新时代焕发出新的生机，并在更大范围内得到传承和发展。

二、基于职业教育支持的乡村文化保护

（一）文化保护意识教育

1. 开设专题课程

职业教育在乡村文化保护中扮演着重要角色，尤其是在文化保护意识教育

方面。通过职业教育机构开设文化保护意识的专题课程，学生能够更深入地认识和理解乡村文化遗产的重要性。这些课程不仅涵盖文化遗产的定义和分类，还包括其在社会发展中的地位和作用。通过理论学习，学生了解到保护文化遗产不仅是为了保存历史，更是为了促进乡村的可持续发展和增强文化自信。课程设计注重理论与实践的结合，帮助学生从多角度理解文化保护的意义。

2．开展实践活动

实践活动是职业教育中不可或缺的一部分，通过这些活动，学生有机会亲身参与乡村文化保护项目。这些项目包括传统工艺的学习、文化遗址的维护以及文化节庆活动的组织等。在实际操作中，学生不仅提高了动手能力，还增强了对乡村文化的认同感和责任感。职业教育通过这种方式，不仅培养了学生的实践技能，还在潜移默化中强化了他们的社会责任意识，使他们成为乡村文化保护的积极参与者和推动者。

3．邀请文化保护领域的专家和传承人进行讲座

邀请文化保护领域的专家和传承人进行讲座，是职业教育提升学生文化保护专业知识与技能的重要手段。这些专家和传承人通过分享他们的经验和见解，帮助学生更好地理解文化保护的复杂性和多样性。讲座内容包括文化遗产保护的最新动态、成功案例分析以及未来趋势展望等。通过与专家的互动，学生不仅拓宽了视野，还获得了宝贵的实践指导，提升了他们在文化保护领域的专业素养和创新能力。

（二）文物保护与修复技术培训

通过职业教育的介入，学生不仅能够掌握文物保护与修复的基本理论，还能在实践中理解文物的历史价值和修复的重要性。文物作为文化遗产的重要载体，承载着丰富的历史信息和文化内涵。职业教育通过理论课程的设置，帮助学生建立对文物保护的全面认识，使其在修复过程中不仅关注技术层面，更注重文化意义的传承。这样的教育模式有助于培养出既具备专业技能，又具备文化素养的复合型人才，为乡村文化振兴注入新的活力。

系统化的文物修复技术培训内容包括材料选择、修复方法和工具使用等多个方面，旨在提升学生的实际操作能力。通过模拟真实的修复场景，学生能够在实践中锻炼自己的技术水平，掌握从材料鉴别到修复工艺的完整流程。这种实践导向的教学方式，不仅提高了学生的动手能力，还增强了他们解决实际问

题的能力。系统化的培训课程设计，确保学生在毕业后能够迅速适应工作岗位，为乡村文物保护事业贡献力量。

建立文物保护与修复的评估体系是保证培训质量与效果的重要措施。评估体系通过定期考核学生的修复技能与文化理解，确保其在学习过程中不断进步。评估不仅关注技术层面的掌握，还重视学生对文化内涵的理解和传承能力。通过多维度的考核，职业教育能够及时调整教学内容和方法，以适应学生的成长需求。这样的评估体系不仅提高了教学质量，也为学生提供了明确的学习目标，激励他们在文物保护与修复领域不断追求卓越，为乡村文化的可持续发展提供强有力的支持。

（三）文化安全与法律保障教育

文化安全是指在全球化背景下，确保乡村文化不被外来文化侵蚀，保持其独特性和活力。这种安全性对于乡村振兴具有基础性作用，因为文化是一个乡村的灵魂，是其发展的根基。职业教育可以提高学生对文化安全的理解，使他们认识到保护乡村文化的必要性和紧迫性。这样的教育不仅关乎文化传承，更是乡村可持续发展的重要保障。

在乡村文化保护中，法律保障起着不可或缺的作用。相关法律法规的制定和实施，为文化遗产的维护与传承提供了坚实的基础。职业教育可以通过课程设置，帮助学生了解这些法律法规的内容和重要性。通过学习，学生能够掌握如何利用法律手段来保护和传承乡村文化遗产。这种法律意识的培养，能有效提升学生在实际工作中运用法律维护文化权益的能力，确保乡村文化的永续发展。

为了更好地实现文化安全与法律保障教育，建立专门的文化安全教育课程是必不可少的。这样的课程应涵盖文化安全的基本概念、相关法律法规以及实际应用案例等内容。通过系统的学习，学生可以提高对文化安全的认知，并在未来的职业生涯中有效应用这些知识。这不仅有助于个人职业发展，也为乡村文化保护提供了源源不断的人才支持，促进乡村文化的繁荣与发展。

三、基于职业教育支持的乡村居民文化素养提升

（一）乡村居民艺术鉴赏能力提升

1. 开展艺术鉴赏课程

乡村居民的艺术鉴赏能力提升是实现文化振兴的重要环节。通过职业教育

的支持，乡村居民有机会接触并理解不同艺术形式的基本特征与价值。开展艺术鉴赏课程是提升居民艺术欣赏能力的有效途径。这些课程帮助居民从基础知识入手，逐步了解绘画、音乐、舞蹈等多种艺术形式，培养他们的审美眼光。此外，这些课程还注重引导居民认识艺术作品中蕴含的文化内涵与社会价值，增强其对艺术的深层次理解，从而在日常生活中更好地感受艺术的魅力。

2. 组织艺术欣赏活动

通过定期举办画展、音乐会和民俗表演，居民可以在轻松愉悦的氛围中体验艺术创作与欣赏的乐趣。这些活动不仅丰富了乡村文化生活，还为居民提供了一个展示自我、交流经验的平台，增强了他们的文化自信。参与这些活动的过程，也让居民更加关注本地的艺术资源和传统文化，激发他们对艺术的热爱和保护文化遗产的责任感。

3. 建立艺术鉴赏小组

在小组中，居民可以分享各自的艺术见解和体验，通过互动提升审美能力。这样的交流不仅能激发居民的创造力，还能增强社区的凝聚力。小组活动的多样性和灵活性，使每位参与者都能在其中找到自己的兴趣点，进而更积极地参与乡村文化建设。通过职业教育的支持，这种基层文化组织的活力得以激发，为乡村文化振兴注入了持续的动力。

（二）乡村居民文化参与意识培养

在乡村振兴的背景下，职业教育不仅在经济发展中扮演着重要角色，还在提升乡村居民文化素养方面发挥着关键作用。乡村居民文化参与意识的培养是实现这一目标的重要途径。通过职业教育的支持，乡村居民能够更好地理解和参与文化活动，从而增强他们对乡村文化的认同感和责任感。职业教育可以通过多种途径促进这一过程，通过组织丰富多样的文化活动，激发乡村居民的兴趣与积极性。文化活动不仅是文化传承的载体，更是居民参与和互动的平台。在职业教育的指导下，这些活动可以更具吸引力和教育意义，鼓励更多居民主动参与其中，进而在保护与传承地方文化中发挥积极作用。

为了进一步促进乡村文化的振兴，建立社区文化参与机制是必不可少的。职业教育可以在这一过程中提供支持，帮助社区设计和实施参与机制，鼓励居民在文化活动中进行互动与合作。这不仅可以增强居民对乡村文化的归属感，还能培养他们的责任感，使他们意识到自己在文化传承中的重要角色。通过这种机制，居民可以更紧密地联系在一起，共同为乡村文化的保护与发展贡献力量。职业教育在此过程中扮演着引导者和支持者的角色，通过传授相关技能和知识，帮助居民更好地参与和组织文化活动。

职业教育还可以通过开展文化参与培训，提升居民的组织能力与活动策划能力。这些培训课程可以涵盖活动策划、资源管理、团队合作等多个方面，使居民能够自主组织和参与文化活动。通过提升这些能力，居民不仅可以丰富自身的文化生活，还能为乡村文化的持续发展提供动力。这种能力的提升也有助于增强居民的自信心和自主性，使他们在文化活动中发挥更积极的作用。

（三）乡村居民文化创造力的激发

1. 开展乡村文化创意工作坊

通过开展乡村文化创意工作坊，职业教育能够为居民提供动手实践的平台，鼓励他们参与手工艺品制作。这不仅提升了居民的动手能力，还增强了他们的创造意识。在这些工作坊中，居民可以学习到各种传统与现代的工艺技巧，从而拓宽他们的艺术视野，进而激发出更多创新的想法。这种实践性的教育模式，正是职业教育支持乡村文化振兴的重要体现。

2. 组织各类文化活动与竞赛

这些活动不仅为居民提供了展示自我才能的舞台，还促进了他们在艺术和文化领域的表达能力。在竞赛中，居民们通过互相切磋与交流，能够激发出更多灵感与创意。这种互动性的学习环境，促使居民们在竞争中不断提升自我，同时也为乡村文化的繁荣提供了源源不断的新鲜血液。这种方式，不仅丰富了乡村文化生活，也为文化产业的发展奠定了基础。

3. 现代科技的引入

通过使用3D打印和数字设计软件，乡村居民能够将自己的创意构想具体化。这些现代工具不仅简化了复杂的设计过程，还让居民更容易实现自己的艺术想象。职业教育在此过程中起到了桥梁作用，将现代科技与传统文化相结合，帮助居民提升创作能力。这种结合不仅赋予了乡村文化新的生命力，也为乡村经济的发展提供了新的增长点。

4. 建立乡村文化创新联盟

通过乡村文化创新联盟，居民可以分享各自的经验与创意，促进合作与交流。这种集体智慧的碰撞，往往能够产生意想不到的创意火花，推动文化创意的多样化发展。职业教育在此起到了组织与协调的作用，帮助居民建立起互助合作的平台。这种联盟不仅增强了乡村文化的凝聚力，也为文化创意产业的发展开辟了新的道路。通过这种方式，乡村文化振兴得以实现，居民的文化素养也得到了显著提升。

四、基于职业教育支持的乡村文化资源开发

（一）乡村文化资源识别与评估

乡村地区蕴藏着丰富的文化资源，包括传统手工艺、民俗活动以及地方特产等。这些资源不仅是乡村历史和文化的体现，也是促进乡村经济发展的重要资产。在识别过程中，需全面了解和记录这些多样性文化资源，以确保不遗漏任何潜在的文化资产。系统化的识别与评估，能够为后续的文化资源开发提供坚实的基础，助力乡村振兴。

为了有效识别乡村文化资源，参与式调研方法被广泛采用。这种方法强调乡村居民的参与，鼓励他们分享对本地文化资源的认知和价值评估。通过这种方式，不仅能够获取更为全面的信息，还能增强乡村居民对文化资源的认同感和参与感。这种社区参与的模式，有助于提升文化资源开发的可持续性和有效性，使乡村居民成为文化振兴的积极推动者。

建立乡村文化资源数据库是系统化管理和记录文化资源信息的有效手段。数据库的建立，可以对各类文化资源进行科学分类和管理，便于后续的开发和利用。这种信息化管理方式，不仅提高了文化资源管理的效率，也为研究者和开发者提供了翔实的数据支持。同时，数据库的建立也为文化资源的保护和传承提供了保障，确保这些珍贵的文化资产能够在乡村振兴中发挥长效作用。

（二）乡村文化资源整合与利用

科学的整合机制设计，可以确保各类文化资源在开发过程中实现有效协同

与互补。这需要制定明确的政策框架和操作指南，以促进资源的合理配置和高效利用。职业教育在这一过程中扮演着关键角色，通过提供专业的培训和指导，帮助乡村居民理解和掌握文化资源整合的基本原则和方法。这不仅提升了乡村居民的文化素养，也为文化资源的可持续开发奠定了坚实基础。

为了进一步提高乡村文化资源的利用效率，有必要建立一个乡村文化资源共享平台。这一平台的建立将促进不同文化资源之间的信息交流与合作，从而实现资源的最大化利用。通过职业教育的支持，乡村居民可以更好地参与到这一过程中，增强他们在文化产业中的参与感与创造力。职业教育提供的技能培训和知识普及，将帮助居民更有效地利用共享平台，推动资源的整合与共享，进而促进乡村文化的整体发展。

制定乡村文化资源开发的可持续利用策略，是确保文化资源在经济发展与生态保护之间实现平衡的关键。职业教育在这一过程中提供了重要支持，通过培养具有可持续发展意识的人才，推动乡村文化资源的合理开发。职业教育强调生态保护与经济发展的协调发展，帮助乡村居民树立可持续发展的理念。这种策略的实施，将确保乡村文化资源的长期利用，同时维护生态环境的完整性，为乡村振兴提供坚实保障。

（三）乡村文化资源数字化建设

乡村文化资源数字化建设是提升乡村文化可视化和可传播性的关键途径之一。通过数字化技术，乡村文化资源得以更好地呈现和传播，增强了居民对本土文化的认同感。数字化建设不仅涉及技术层面的革新，还包括对文化资源的系统梳理和整理，以确保这些资源能够在数字平台上得到准确而生动的展示。这一过程需要结合职业教育的支持，通过培养相关技术人才，为乡村文化资源的数字化提供智力支持和技术保障。

在乡村文化资源数字化建设的过程中，建立基本框架与目标是至关重要的。其基本框架包括建立数字档案、数据库和在线平台，这些都是文化资源存储、检索和共享的基础设施。通过这些数字化手段，乡村文化资源不仅可以得到更好的保护，还能够实现更广泛的传播和利用。目标是通过数字化建设，提升乡村文化资源的可视化和传播性，使本土文化能够在更大范围内被接受和认可，从而增强居民对文化的自豪感和认同感。

数字化技术在乡村文化资源管理中的应用，还体现在提升文化产品的市场竞争力方面。通过开发数字化展示和销售渠道，乡村特色产品可以吸引更多消费者的关注。职业教育在这一过程中发挥着重要作用，它不仅可以为乡村提供相关技术支持，还能够通过教育和培训，提升乡村居民的数字化技能，使他们能够更加主动地参与文化资源的数字化进程。这种技能的提升，不仅有助于乡村文化产品的推广，也为居民提供了更多的就业和创业机会。

乡村文化资源数字化建设的成功，离不开多方的参与和协同合作。建立有效的参与机制，鼓励居民、地方政府和职业教育机构的紧密合作，是推动文化资源数字化转型与利用的关键。居民的参与可以确保数字化内容的真实性和丰富性，地方政府的支持则可以提供必要的政策和资金保障，而职业教育机构则可以通过技术和人才支持，推动数字化建设的顺利进行。通过这种多方协作机制，乡村文化资源数字化建设才能够实现可持续发展，为乡村振兴提供坚实的文化基础。

第三节　基于职业教育支持的乡村组织振兴

一、基于职业教育支持的乡村组织管理模式创新

（一）扁平化与网络化管理模式

扁平化与网络化管理模式在乡村组织中的应用，为乡村振兴提供了重要的组织保障。扁平化管理模式通过减少管理层级，简化组织结构，直接促进了决策效率的提高。这种减少层级的做法，不仅缩短了信息传递的路径，还提高了乡村组织的响应速度和灵活性，使其能够更快速地适应外部环境的变化。在乡村振兴的背景下，扁平化管理模式能够使乡村组织在面对复杂多变的市场需求时，保持敏捷的反应能力，从而在激烈的市场竞争中占据优势地位。此外，这种管理模式还能够有效降低运营成本，提高资源利用效率，增强乡村组织的整体竞争力。

网络化管理模式则通过信息技术的应用，构建起虚拟组织的架构，促进了乡村组织之间的资源共享与协作。通过网络化的管理方式，乡村组织能够打破传统的地域限制，实现资源的高效配置和利用。这种模式不仅提高了乡村组织的整体运营效率，还能够通过信息技术的支持，推动乡村组织之间的深度合作与创新。这种合作机制的建立，有助于形成一个互利共赢的乡村发展生态系统，为乡村振兴提供了强有力的支持。同时，网络化管理模式的实施，也为乡村组

织的发展提供了更多的可能性和空间。

扁平化与网络化管理模式的一个重要特点是强调团队成员的自主性与责任感。这种管理理念能够激发乡村居民的参与意识和创新能力，促使他们更加积极主动地参与到乡村组织的各项活动中。在职业教育的支持下，乡村居民通过接受相关培训，可以更好地掌握必要的知识和技能，从而在组织中发挥更大的作用。这种参与意识的提高，不仅增强了乡村组织的内部凝聚力，还为乡村振兴注入了新的活力和动力。通过这种管理模式，乡村组织能够更好地调动内部资源，形成合力，共同推动乡村振兴的实现。

通过实施扁平化与网络化管理模式，乡村组织能够更好地适应市场变化，增强其在乡村振兴过程中的竞争力与可持续发展能力。在职业教育的支持下，这种管理模式的创新应用，为乡村组织提供了新的发展路径和方向。通过不断探索和实践，乡村组织可以在市场竞争中立于不败之地，实现可持续发展目标。这种管理模式的成功应用，不仅为乡村振兴提供了有力的支持，也为其他地区的乡村发展提供了可借鉴的经验和模式。

（二）民主参与与决策机制

在乡村振兴的过程中，民主参与与决策机制的建立是实现乡村组织管理模式创新的重要环节。职业教育的支持，可以在乡村组织内部建立起有效的民主决策机制。这一机制的核心在于确保每位成员都能参与重要决策，这不仅增强了组织的凝聚力，也提升了成员的归属感。在民主参与的环境中，成员们能够充分表达自己的意见和想法，从而形成更具代表性和科学性的决策。职业教育在这一过程中扮演着关键角色，通过系统的培训，提升乡村组织成员的民主意识和参与能力，使他们在决策过程中更加主动和负责任。

为了促进民主参与，乡村组织可以通过定期召开村民大会或组织会议，来实现信息的透明化和决策过程的公开化。这种公开化的过程不仅提高了乡村组织的公信力，也使每个成员都能了解到决策的背景和依据，进而更好地理解和支持组织的决策。职业教育在此过程中提供了必要的知识和技能培训，帮助乡村居民掌握如何在会议中有效沟通和表达观点，从而在民主决策中发挥更大的作用。通过这种方式，乡村组织的管理模式得到了创新，成员的参与感和责任感也得到了提升。

此外，引入投票系统和意见征集机制是实现民主参与的重要手段。投票系统的引入使每位乡村居民都能在重要决策中表达自己的立场，而意见征集机制则为他们提供了一个表达个人观点和建议的平台。这种机制的建立不仅使决策过程更加民主和透明，也使乡村组织的决策更加符合实际需求和科学依据。职业教育通过培训乡村居民如何使用这些机制，不仅提升了他们的参与能力，也增强了他们在决策中的主动性和责任感，为乡村组织管理模式的创新提供了有力支持。

（三）组织绩效与激励机制

1．建立科学的绩效评估体系

通过明确乡村组织的目标和关键绩效指标，管理者可以更好地量化和监测组织的运营效果。这不仅有助于识别组织在运营过程中存在的问题，还能为组织的战略调整提供数据支持。科学的绩效评估体系不仅关注经济效益，还需考虑社会效益和环境效益，以全面反映乡村组织的综合价值。这种多维度的评估方法要求乡村组织在制定绩效指标时，充分考虑到当地的实际情况和发展需求。

2．引入多元化的激励机制

经济奖励、荣誉表彰和职业发展机会等激励措施，可以满足组织成员的多样化需求。经济奖励能够直接提高成员的生活水平，增强他们的工作动力；荣誉表彰则通过精神层面的激励，提升成员的自豪感和成就感；职业发展机会则为成员提供了成长空间，激励他们不断提升自身能力和素质。这些激励措施需要与乡村组织的实际情况相结合，确保其有效性和可持续性。

3．定期的绩效反馈与沟通

通过这些反馈机制，组织成员能够及时了解自身工作的优点和不足，进行反思与改进。这种反馈不仅限于上级对下级的单向评价，还应包括成员之间的互动和交流，以增强组织的整体执行力与协作精神。通过有效的沟通，组织成员之间可以形成相互支持和信任的关系，这对于提升组织的凝聚力和向心力具有重要意义。定期的沟通机制还可以帮助组织及时调整策略，以应对外部环境的变化。

4．鼓励乡村组织成员参与绩效管理过程

成员参与绩效管理不仅能提高他们对组织决策的理解和支持，还能增强他们的责任感和使命感。通过参与绩效管理，组织成员能够更好地理解组织的目标和愿景，从而在日常工作中更加主动和积极。参与感的增强有助于形成一个团结一致的团队，提升团队的凝聚力和向心力。在职业教育的支持下，这种参与机制的建立可以为乡村组织的长远发展奠定坚实的基础。

二、基于职业教育支持的乡村组织规范化建设

（一）乡村组织规章制度的完善

1. 规范化的组织章程

规范化的组织章程不仅能够明确乡村组织的运作流程与决策机制，还能确保各项活动有章可循，避免因制度不健全导致的管理混乱。职业教育的介入，可以通过培训和指导，帮助乡村组织制定科学合理的章程，使其更具操作性和可持续性。这一过程不仅提高了组织的管理水平，也为乡村振兴提供了坚实的制度保障。

2. 建立健全财务管理制度

资金的合理使用和管理直接关系到组织的公信力与发展潜力。通过职业教育的支持，乡村组织可以学习先进的财务管理理念与技术，确保资金使用的透明度，增强组织的财务责任感。职业教育的培训能够帮助财务人员提高专业能力，确保财务报告的准确性和及时性，从而为组织的长远发展打下良好的基础。

3. 完善成员管理制度

明确的入会、退会程序以及成员权利与义务的规定，可以有效避免因成员变动带来的不稳定因素。职业教育在此方面的支持，体现在为组织提供人力资源管理的培训和咨询服务，帮助组织制定合理的成员管理制度。这不仅有助于提高组织的内部管理水平，也能增强成员的归属感和参与积极性。

（二）乡村组织工作流程的标准化

在乡村振兴的过程中，职业教育的支持作用体现在多方面，其中之一便是推动乡村组织工作流程的标准化。乡村组织的工作流程标准化不仅是为了提高效率，更是为了提高整体的管理水平和服务质量。通过建立标准化的工作流程

文档，可以明确各项任务的执行步骤和责任分工。这种规范化的操作能够确保组织成员遵循统一的操作规范，从而减少由于个人理解差异带来的操作偏差和效率损失。标准化的流程文档不仅是执行的指南，更是组织内部沟通与协作的基础。

同时，制定工作流程的评估标准也是标准化建设的重要环节。通过定期对流程的执行效果进行分析与反馈，乡村组织能够及时发现流程中的不足与问题，从而进行优化和调整。这种反馈机制不仅提高了流程的适应性和灵活性，也为组织的持续改进提供了依据。评估标准的建立需要结合当地的实际情况和工作需求，以确保其可操作性和有效性。通过科学的评估，乡村组织可以在不断的实践中逐步完善工作流程，提高整体的运作效率。

为了确保所有成员熟悉标准化的工作流程，定期的培训与演练是必不可少的。通过培训，组织成员能够更好地理解和掌握标准化流程的具体要求和操作方法。演练则提供了一个实践的平台，使成员能够在模拟的环境中熟悉流程，提高实际操作中的执行力与协作能力。这样的培训与演练不仅提升了组织的整体执行力，也增强了成员之间的协作意识，为组织的高效运作奠定了基础。

（三）乡村组织监督机制的建立

在乡村振兴的进程中，建立有效的乡村组织监督机制是确保乡村治理透明度和合规性的重要环节。职业教育在其中扮演了关键角色，通过提供专业知识和技能，帮助乡村组织建立健全监督体系。

其一，乡村组织内部应设立监督委员会，定期对组织运作和财务状况进行审查。这不仅有助于提高组织的透明度，还能防范潜在的财务风险。职业教育能够为这些委员会提供必要的培训，使其成员具备足够的财务知识和管理能力，从而有效地履行监督职责。

其二，为了进一步增强监督的独立性和专业性，引入外部监督机构或专家团队是必要的。这些外部力量可以对乡村组织的管理和活动进行独立评估，并提供专业的建议和改进方案。职业教育可以在这方面提供支持，通过培养专业的评估人才，确保他们具备评估乡村组织运作的能力。这种外部监督不仅提高了组织的公信力，也为其内部管理提供了新的视角和思路。

其三，制定明确的监督流程和评估标准是确保监督机制有效运行的基础。每项活动和项目都需要按照既定目标进行评估与反馈，这要求组织具备系统化的监督流程。职业教育可以帮助乡村组织设计这些流程，并提供相关的培训和指导。通过建立清晰的评估标准，组织可以更好地衡量自身的绩效，并及时进行调整和改进。这种系统化的监督机制能够有效提高乡村组织的管理水平和运作效率。

其四，开展定期的监督培训是提高组织成员监督意识和能力的关键措施。职业教育在这方面可以发挥重要作用，通过提供相关课程和培训项目，帮助组织成员提升监督技能。确保每位成员都能参与到监督机制中，不仅增强了组织的凝聚力，也提高了其整体的监督水平。这种全员参与的监督机制能够有效防止腐败和不当行为的发生，为乡村振兴提供坚实的保障。

三、基于职业教育支持的乡村组织管理能力提升

（一）乡村组织管理者能力提升

1. 战略规划能力

战略规划能力是管理者制订和实施长远发展计划的核心。通过职业教育，管理者可以学习如何分析乡村的内外部环境，识别发展机遇与挑战，并据此制定切实可行的发展战略。职业教育课程通常包含丰富的案例分析，使管理者能够从中学习成功的战略规划经验，并应用于自己的工作实践中。有效的战略规划能力不仅有助于乡村组织的长远发展，还能提高乡村振兴项目的成功率。

2. 沟通与协调能力

在乡村组织中，沟通与协调能力对于管理者来说至关重要。职业教育通过模拟训练和情景教学，帮助管理者提升这方面的能力。有效的沟通与协调能够确保组织内部信息的顺畅流通，减少误解和冲突，提高团队的协作效率。职业教育课程应强调团队合作的重要性，并通过小组项目和互动活动，培养学员的沟通技巧和协调能力。这种能力的提升不仅能够优化组织内部运作，还能增强管理者与外部利益相关者的互动效果。

3. 财务管理能力

职业教育提供的财务管理课程，帮助管理者掌握预算编制、成本控制、财

务分析等技能，使其能够合理配置资源，确保组织的财务健康与可持续发展。通过职业教育，管理者能够理解财务数据在决策中的重要作用，并学会如何利用这些数据进行科学决策。财务管理能力的提升，有助于管理者在资源有限的情况下，实现乡村振兴的最大经济效益。

4. 项目管理能力

职业教育通过项目管理的系统培训，使管理者能够有效规划、执行和评估各类乡村振兴项目。在职业教育中，管理者可以学习到项目管理的基本理论和工具，并通过实际案例的分析和练习，提高其项目管理的实战能力。这种能力的提升，能够帮助管理者在复杂多变的环境中，灵活应对各种挑战，确保项目按时、按质、按量完成。

（二）乡村组织管理团队的建设

1. 多元化的管理团队结构

在乡村振兴的过程中，建立一个高效的管理团队至关重要。多元化的管理团队结构可以为组织带来新的视角和创新能力。通过吸纳来自不同背景和专业技能的人才，组织能够更好地适应不断变化的环境和复杂的挑战。多元化不仅体现在性别、年龄等表面特征上，更重要的是涵盖了知识背景和专业技能的多样性，这种多样性能够为乡村组织带来更强的创新能力和适应性。

2. 实施团队建设活动

团队建设活动不仅能够增进团队成员之间的信任与协作，还可以提升整体团队的合力与执行力。通过精心设计的团队建设活动，成员之间能够更好地了解彼此的工作方式和沟通风格，从而减少误解和冲突。这种信任和协作的氛围是乡村组织在面对复杂任务和压力时的重要保障，能够有效提高组织的运作效率和目标达成率。

3. 定期开展管理培训

通过系统的培训计划，团队成员可以不断更新和提升自己的管理能力，确保团队能够高效应对乡村振兴过程中遇到的各种挑战。培训内容应包括现代管理理论、实践技能以及对乡村振兴政策的深入理解。通过培训，团队成员不仅能够提升自身能力，还能够更好地理解和执行组织的战略目标。

4. 建立明确的角色分工和责任体系

每位团队成员在组织中的定位应当清晰，职责和任务分配要明确，这样才能提高工作效率和责任感。明确的角色分工有助于减少资源浪费和工作重叠，从而提高组织的整体效率。同时，清晰的责任体系也能够增强团队成员的责任感和使命感，促使他们在工作中更加积极主动。

（三）乡村组织管理方法的创新

乡村组织管理方法的创新在乡村振兴中具有重要意义。通过创新管理方法，乡村组织能够更好地适应现代化发展的需求，提高整体运作效率。

1. 引入数据驱动的决策管理方法

数据驱动的决策管理通过对乡村组织运营数据的分析，能够帮助组织识别资源的最佳配置方式，提高管理效率。这种方法不仅可以优化现有资源的使用，还能为未来发展提供科学依据，减少决策的盲目性和随意性。通过数据的深入挖掘，乡村组织可以更精准地把握发展方向，实现可持续发展。

2. 应用项目管理工具和方法

应用项目管理工具和方法，是提升乡村组织在项目实施过程中计划、执行和监控能力的有效途径。项目管理工具能够帮助乡村组织在项目的各个阶段进行细致的规划和监控，确保项目按时按质完成。这些工具不仅提供了标准化的管理流程，还能够根据项目的具体需求进行灵活调整，适应不同规模和复杂程度的项目。通过项目管理方法的应用，乡村组织能够更好地协调内部资源，提高项目执行力，确保项目目标的实现。

3. 开展跨学科合作，借鉴其他领域的管理经验和方法

跨学科合作能够引入多元化的视角和方法，丰富乡村组织的管理思路。通过与其他领域的专家合作，乡村组织可以学习先进的管理理念和技术，提高自身管理水平。这种合作不仅拓宽了乡村组织的视野，还能促进不同领域之间的资源共享与协作，为乡村组织的发展注入新的活力。

4. 利用数字化平台提高信息共享与沟通效率

数字化平台能够打破信息壁垒，实现组织内部信息的快速流通和共享。这种信息化手段不仅提高了沟通效率，还能促进资源的整合与优化配置。通过数字化平台，乡村组织可以实现更高效的协作，增强整体凝聚力，为组织的持续发展提供有力支持。数字化平台的应用，标志着乡村组织管理进入了一个新的发展阶段。

第三章　职业教育与乡村人才振兴

第一节　职业教育与乡村教育体系构建

一、基于职业教育的乡村教育资源建设

（一）教育资源开发

1. 多元化开发

教育资源的开发不仅是提高乡村教育质量的关键，也是实现乡村振兴的重要途径。通过多元化开发乡村职业教育资源，可以满足乡村多样化的经济需求。在农业领域，针对当地的农业特色，职业教育可以设计出适合当地农民的培训课程，提高他们的现代农业技术水平。在手工业和服务业领域，职业教育同样可以通过开设相关课程，培养乡村所需的技术型人才。这种多元化的职业教育资源开发，不仅为乡村经济注入了活力，也为乡村居民提供了更多的就业机会。

2. 建立与地方经济发展相结合的职业教育资源

职业教育应当紧密结合当地的经济发展需求，开发与地方特色产业相匹配的教育资源。例如，在一些以旅游业为主的乡村地区，可以开设旅游管理、导游服务等相关课程，培养专业的旅游服务人才。通过这种方式，职业教育不仅能够为乡村经济发展提供人才支持，还可以促进乡村特色产业的持续发展和壮大。

3. 加强职业教育与当地企业的合作

校企联合开发的实习和培训项目，可以为学生提供更为实际的职业技能训练，帮助他们更好地适应就业市场的需求。通过这种合作模式，职业教育不仅能够提高学生的实践能力，还可以为企业输送高素质的技术人才，形成教育与产业的良性互动。此外，企业的参与也能够为职业教育带来更多的资源支持，

提高教育资源的质量和水平。

4. 鼓励社会力量参与

鼓励社会力量参与乡村职业教育资源的开发与管理，是提高教育资源使用效率和可持续性的关键。社会力量的参与，可以为乡村职业教育带来更多的资源和活力。政府、企业、非营利组织等多方合作，可以共同推动乡村职业教育资源的优化与创新。通过这种多方参与的模式，乡村职业教育资源的开发与管理将更加科学和高效，为乡村振兴提供更加坚实的人才支持。

（二）教育资源配置

优化乡村职业教育资源配置，确保资源分配的公平性，是满足不同地区和行业教育需求的重要手段。通过科学的资源分配策略，可以有效缩小城乡教育差距，使乡村学生享有与城市学生同等的教育机会。建立动态调整机制，及时更新职业教育课程和培训内容，是适应乡村经济发展和产业需求变化的必要措施。这种机制不仅能够保持教育内容的现代性和实用性，还能提高乡村学生的就业竞争力，促进乡村经济的持续发展。

推动职业教育资源与地方政府、企业和社会组织的协同配置，是实现资源共享和互补的有效路径。通过多方合作，形成良性循环，可以最大化利用现有资源，提高教育资源的使用效率。地方政府可以通过政策引导和资金支持，企业可以提供实践平台和技术支持，社会组织则能贡献专业知识和人力资源。这样的协同配置不仅能提高教育质量，还能为乡村学生提供更多的实习和就业机会，增强他们的职业能力和市场竞争力。

引入绩效评估体系，对职业教育资源配置效果进行定期评估，是提高教育质量和资源利用效率的有效手段。科学的评估指标和方法，可以及时发现资源配置中的问题，并进行针对性调整。这样的评估体系不仅能确保教育资源的有效利用，还能为教育政策的制定和调整提供数据支持。此外，加强职业教育师资力量的配置，培养和引进专业人才，也是提高乡村职业教育教学水平和实际操作能力的关键。只有拥有高水平的师资队伍，才能为乡村学生提供优质的教育服务，真正实现乡村人才振兴的目标。

（三）教育资源共享

乡村地区由于地理和经济条件的限制，教育资源相对匮乏，难以满足现代职业教育的需求。建立乡村职业教育资源共享平台，可以有效促进区域间的教育资源互通与合作。这一平台不仅为乡村学生提供了更多的学习机会，还能通过资源的整合与优化，提高教育质量和效率。具体而言，鼓励乡村职业院校与城市高校建立合作关系，共同开发课程与培训项目，实现资源共享。这种合作不仅能引入先进的教育理念和教学方法，还能为乡村学生提供更为广阔的视野和发展空间。

利用现代信息技术开展在线职业教育课程，是扩大乡村学生学习机会和选择范围的有效途径。通过线上教育，优质教育资源可以突破地域限制，直接传递到乡村学生手中。这不仅可以丰富乡村学生的学习内容，还能提高他们的学习自主性和灵活性。此外，在线课程还可以根据学生的学习进度和需求进行个性化调整，进一步增强学习效果。与此同时，推动企业参与乡村职业教育，通过实习和培训项目共享资源，可以提升学生的实践能力和就业竞争力。企业作为职业教育的重要参与者，通过提供实习机会和实际项目，可以帮助学生将理论知识应用于实际操作中，增强他们的实战能力。

为了确保教育资源共享的可持续性，建立乡村职业教育资源共享的激励机制是必要的。激励机制可以鼓励社会组织和个人参与资源的开发与利用，形成良性循环。具体措施包括对参与资源共享的单位和个人给予政策支持和资金补助，或者通过荣誉和奖励机制，提升他们的积极性和参与度。这样的激励机制不仅能吸引更多的资源投入乡村职业教育，还能促进资源的合理配置和高效利用，最终实现乡村职业教育的全面振兴。通过这些措施，乡村教育资源共享的目标将更容易实现，为乡村人才振兴奠定坚实的基础。

二、基于职业教育的乡村师资队伍建设

（一）师资培训

在师资队伍建设方面，系统化的师资培训体系至关重要。通过定期组织针对乡村职业教育特点的专业培训，教师不仅可以提高其教学技能，还能增强实践能力。这种培训应考虑到乡村的特殊需求，帮助教师更好地适应乡村教育环境。在培训过程中，教师将获得最新的教学方法和技术，确保他们能够提供高质量的教育服务。

引入行业专家和企业导师参与师资培训，是提升教师理解乡村经济和产业

需求的重要途径。通过与这些专家的直接互动，教师可以更深入地了解当前市场的实际需求，在教学中更有针对性地传授知识。这种互动不仅丰富了教师的视野，也为他们提供了实践经验，确保他们的教学内容能够紧密结合实际，增强课程的实用性。

制订个性化的职业教育师资发展计划，鼓励教师进行继续教育和专业发展，是保持教学内容前沿性和创新性的关键。通过个性化的发展计划，教师可以根据自己的专业兴趣和发展需求选择适合的继续教育课程。这种灵活的学习路径能够激发教师的学习热情，促使他们不断更新知识储备，以应对快速变化的教育环境和产业需求。

现代信息技术的应用，为乡村教师的培训提供了新的可能性。在线师资培训平台，不仅可以提供丰富的学习资源，还能为教师间的互动和经验分享创造机会。这种在线平台打破了地域限制，使乡村教师能够随时随地获取优质的培训资源，参与全国甚至全球的教育交流，提高自身的教学能力和专业水平。

（二）师资激励

1. 建立多元化的师资激励机制

提供具有竞争力的薪酬、明确的晋升路径和丰富的职业发展机会，可以有效地提升教师的职业满意度和工作热情。这些措施不仅有助于吸引外部优秀人才加入乡村教育队伍，还能有效地减少现有教师的流失率，稳定师资队伍的整体结构。

2. 提供专业发展和培训机会

为了进一步增强教师的职业认同感和归属感，提供专业发展和培训机会显得尤为重要。通过定期的培训和继续教育，教师可以不断更新自己的专业知识和教学技能，从而提高教学质量和教学积极性。此外，这些培训机会也为教师提供了一个相互交流和学习的平台，有助于提升团队合作精神和整体教学水平。通过这些措施，教师能够更好地适应教育环境的变化，积极参与到乡村教育的改革与发展中。

3. 行业企业参与

在师资激励的过程中，引入行业企业的参与是一个创新的举措。设立专项奖励和荣誉称号，可以激励教师在实践教学和课程开发中展示出色的创新能力。这种企业与教育相结合的激励机制，不仅能够为教师提供更多的实践机会，还能使教育内容更加贴近实际需求，提升学生的就业竞争力。同时，这种合作也为教师提供了更广阔的视野和更丰富的教学资源，促进了教师专业能力的全面发展。

（三）师资交流与合作

1. 建立乡村职业教育师资交流平台

建立乡村职业教育师资交流平台，不仅能够促进教师之间的经验分享与合作，还能有效提高教学质量。通过这样的交流平台，教师们可以分享各自的教学心得、创新的教学方法以及在实际教学中遇到的挑战及其解决方案。这一过程不仅丰富了教师的教学经验，也为他们提供了新的教学思路和方法，进而提高整体教学质量。

2. 开展师资互派和交流活动

鼓励乡村职业院校与城市高校开展师资互派和交流活动，是拓宽教师专业视野和提高教学能力的重要途径。通过这样的交流活动，乡村教师可以接触到前沿的教育理念和教学方法。同时，城市高校的教师也可以通过深入乡村教育一线，了解农村学生的实际需求和教育现状，从而在教学中更加有的放矢。这种双向的交流不仅有助于提升教师的专业素养，还能促进城乡教育的均衡发展。

3. 师资培训和研讨会

开展跨区域的师资培训和研讨会，有助于促进不同地区教师的交流与合作。通过这样的培训和研讨会，教师可以分享各自地区的成功经验和教学方法，借鉴他人的优秀做法。同时，这种跨区域的交流也能帮助教师更好地理解不同地区学生的学习特点和需求，从而在教学中采取更为有效的策略。这种交流与合作不仅能提升教师的教学能力，也能促进职业教育的整体发展。

4. 建立师资合作研究项目

建立师资合作研究项目，鼓励教师参与共同课题研究，是推动职业教育创新与发展的重要手段。通过合作研究，教师可以共同探索职业教育中的新问题和新挑战，提出创新的解决方案。这不仅有助于提升教师的科研能力，也能为职业教育的发展提供新的思路和方向。通过这样的合作研究，教师可以在实践中不断提高自己的专业水平，为职业教育的持续发展贡献力量。

三、职业教育支持下的乡村教育公平性提升

(一) 教育资源分配均衡

1. 动态监测

当前，许多乡村地区面临教育资源短缺的问题，影响了乡村学生接受优质教育的机会。建立乡村职业教育资源分配的动态监测机制，能够及时识别和解决资源短缺问题，确保各地区教育资源的有效供给。在这个过程中，动态监测机制不仅需要收集和分析各地的教育资源数据，还需根据实际情况调整资源分配策略，以应对不断变化的教育需求。这一机制的建立，不仅有助于提高资源分配的效率，还能增强乡村教育的适应性和灵活性，从而更好地服务于乡村学生的成长和发展。

2. 政策引导和财政支持

通过政策引导，政府可以制定一系列激励措施，鼓励地方政府加大对乡村职业教育的投入力度。在财政支持方面，确保资金使用的透明性和效率是关键。透明的资金使用流程不仅能提高资金的使用效率，还能增强公众对政府教育投入的信任。合理的财政投入为乡村职业教育的发展提供了坚实的基础，使教育资源能够更好地满足乡村学生的需求，进而提高乡村教育的整体质量。

3. 职业教育资源的区域间流动

推动资源的流动，可以打破区域间的资源壁垒，实现教育资源的优化配置。在这一过程中，不同乡村之间的资源共享与互补，不仅可以提高整体教育水平，还能促进乡村之间的交流与合作。资源的流动也有助于缩小城乡教育差距，使乡村学生能够享受到与城市学生同等的教育机会，从而促进教育公平的实现。

(二) 教育机会平等保障

建立乡村职业教育的奖学金和助学金制度，可以有效缓解经济困难学生在

接受职业教育过程中的经济压力。这不仅使更多的学生能够顺利完成学业，还大大提升了他们的就业能力。经济支持措施的实施，确保了教育机会的公平性，使来自不同经济背景的学生都能获得同等的教育机会，从而为乡村的人才振兴奠定坚实的基础。

为了进一步提高农村家庭对职业教育的认知和重视，开展乡村职业教育的宣传与推广活动显得尤为重要。这些活动不仅有助于改变传统观念中对职业教育的偏见，还能鼓励更多的学生参与职业教育。通过各种宣传渠道，职业教育的优势和重要性得以广泛传播，使更多的乡村家庭意识到职业教育在提升就业能力和改善生活条件方面的积极作用。这种认知的提升将促使更多学生选择职业教育，为乡村振兴提供源源不断的人才支持。

设立针对乡村地区的职业教育专项政策，是促进乡村教育公平性的重要举措。这些政策优先支持乡村学校建设和师资培训，确保教育资源的均衡配置。通过增加乡村学校的基础设施投入和提高师资水平，乡村学生能够享受到与城市学生相同质量的教育服务。这种教育资源的合理配置，不仅缩小了城乡教育差距，还提高了乡村学生的学习体验和教育质量，为乡村教育体系的构建提供了有力支持。

推动乡村职业教育与社会保障体系的结合，是保障毕业生职业发展机会的重要策略。通过提供就业指导和创业支持，乡村职业教育毕业生能够更好地融入社会，实现个人职业发展。这种保障机制的建立，不仅增强了毕业生的就业竞争力，还为他们提供了多样化的职业选择，进而促进乡村经济的发展和社会的稳定。职业教育与社会保障的结合，为乡村人才的可持续发展创造了良好的环境。

四、基于职业教育的乡村教育实训基地建设

（一）实训基地功能规划

为了确保职业教育能够有效支持乡村振兴，实训基地的功能规划必须充分考虑当地的产业特点，设置多功能的培训空间。这不仅能够满足不同职业技能的实训需求，还能为学生提供多样化的学习体验。通过合理的功能规划，实训基地可以成为培养乡村人才的重要平台，推动乡村经济的可持续发展。

实训基地的建设需配备先进的设备和工具，以保证学生能够在接近真实的

环境中进行实践操作。这样的设置不仅可以提高学生的实际操作能力，还能帮助他们更好地适应未来的工作环境。先进设备的引入是提高教学质量的关键，能够使学生在短时间内掌握复杂的技能，为其职业发展打下坚实的基础。

为了保持实训基地课程的前沿性和实用性，基地应与地方企业紧密合作，定期更新培训内容和项目。这种合作关系不仅能确保课程内容与市场需求保持一致，还能为学生提供更多的就业机会。通过与企业的合作，实训基地可以更好地了解行业动态，及时调整教学内容，从而提高学生的就业竞争力。

（二）实训设备配置标准

实训设备应符合行业标准，确保安全性和可靠性，以保障学生在实训过程中能够安心学习。这不仅是对学生的责任，也是对整个教育体系的负责。设备的安全性和可靠性直接影响到学生的学习效果和实训体验。因此，实训基地在设备采购和配置时，必须严格遵循国家和行业的相关标准，确保设备的质量和性能达到预期要求。

配置应根据不同职业技能的需求，提供多样化的设备选项，以适应不同学生的学习和实训要求。职业教育的目标在于培养能够适应多样化工作环境的人才，因此，设备的多样性至关重要。不同职业技能对设备的要求各异，实训基地应根据培训课程的设置和学生的具体需求，灵活调整设备配置，确保每位学生都能在适合的环境中进行实训，从而提高学习效率。

实训设备应具备现代化技术特征，支持数字化和信息化的培训方式，提升学生的技术适应能力。在信息技术迅速发展的今天，职业教育也需顺应时代潮流，引入现代化的教学设备和手段。通过数字化和信息化的设备，学生可以更直观地理解和掌握所学技能，增强他们在实际工作中的技术适应能力。这一变化不仅提高了教学质量，也为学生未来的职业发展奠定了坚实的基础。

（三）实训基地管理与维护

实训基地的管理与维护直接影响着教育质量和学生的实训效果。为确保实训活动的有序开展，建立完善的管理制度是首要任务。具体而言，需要明确各项职责与流程，确保资源的合理利用和实训活动的高效运作。管理制度的建立不仅有助于规范化管理，还能为实训基地的长远发展奠定基础。此外，制度的完善能够提高实训基地的整体运行效率，使各项活动能够在一个有序且高效的环境中进行。

设备的正常运行是实训基地能否顺利开展实训活动的关键因素之一，因此定期对实训基地的设备进行检查与维护显得尤为重要。设备的检查与维护工作不仅能够延长设备的使用寿命，还能避免因设备故障而影响学生的实训效果。通过建立定期检查和维护的制度，可以在设备出现问题之前进行预防性维护，从而减少设备故障带来的不便与损失，为学生提供一个可靠的学习环境。

安全管理是实训基地管理中不可忽视的重要环节。制定实训基地的安全管理规范，保障学生在实训过程中的人身安全和设备安全，是管理工作中的重中之重。安全管理规范的制定需要涵盖多个方面，包括安全操作规程、紧急情况处理预案等。这些规范的实施能够有效防范潜在的风险，减少意外事故的发生。通过安全管理，实训基地可以为学生提供一个安全的学习环境，使学生能够专注于技能的提升与实践。

第二节 职业教育与乡村人才能力提升

一、职业教育与乡村人才农业生产能力提升

（一）农业技术培训

现代农业生产技术的普及，尤其是智能化设备的使用和新型农业管理方法的推广，是当前农业技术培训的重要内容。通过这些培训，学生能够掌握先进的农业生产技术，从而提高生产效率和收入水平。在培训过程中，课程内容应结合当地农业特色，有针对性地提供实用的技术培训。这种结合不仅有助于提高学生的学习兴趣，还能确保培训内容的实用性和有效性，使学生能够在实际生产中灵活应用所学知识。

为了提高培训的效率，农业技术培训必须强调实践操作。通过实地演练和示范，学生可以在真实的生产环境中锻炼动手能力和实际应用技能。这种实践导向的培训模式，不仅能加深学生对技术的理解，还能增强他们在面对生产问题时的应对能力。此外，培训机构可以通过组织农业现场观摩、实地操作等活动，增强学生的实践经验，从而提高他们在生产中的自主创新能力和技术应用水平。

建立农业技术培训的后续支持机制也是至关重要的。为学生提供持续的技术咨询和信息服务，可以帮助他们在实际生产中解决遇到的问题。通过建立稳定的支持网络，培训机构可以为学生提供及时的技术指导和信息更新，确保他们能够紧跟农业技术发展的步伐。这种后续支持不仅能巩固学生在培训中所学到的知识，还能增强他们在农业生产中的信心和竞争力。同时，通过定期的技术交流和反馈，培训机构也能不断完善培训内容和方法，提高培训的整体质量和效率。

（二）现代农业设备使用

随着科技的进步，各种现代农业设备如无人机、智能灌溉系统和精准施肥设备等，逐渐成为农业生产中的重要工具。这些设备不仅能够帮助农民更精确地进行田间管理，还能显著提高生产效率，减少资源浪费。无人机可以用于农田监测和喷洒农药，智能灌溉系统则可以根据土壤湿度自动调节灌溉量，精准施肥设备能够根据作物需求进行定量施肥。这些设备的应用，不仅提高了农业生产的科技含量，也为乡村振兴注入了新的活力。

有效培训农民掌握现代农业设备的操作技能是实现其广泛应用的关键，职业教育在此过程中发挥着重要作用，通过系统的培训课程，使农民能够熟练掌握设备的使用方法。培训内容应包括设备的基本操作、安全使用规程以及故障排除技巧等，确保农民在实际生产中能够独立操作这些设备。同时，职业教育应注重实践操作环节，通过实际操作演练，提高农民的动手能力和实际应用水平。只有通过扎实的培训，农民才能真正从现代农业设备中受益，推动农业生产方式的现代化转型。

现代农业设备的维护与保养知识同样重要，以确保设备的长期使用和性能稳定。职业教育应在培训中加入设备保养的相关知识，帮助农民了解如何进行日常的设备检查和维护，及时发现和处理潜在问题，减少设备故障率。设备的定期保养不仅能延长其使用寿命，还能确保其在生产过程中保持良好的工作状态，提高生产效率。此外，职业教育还可以通过建立设备维护档案，帮助农民记录设备的使用和保养情况，形成良好的设备管理习惯。

农民对现代农业设备使用的认知和接受度是影响设备普及和农业生产方式转变的重要因素。普及职业教育，可以提高农民对现代农业设备的认知水平，增强他们对新技术的接受度。教育培训应注重宣传现代农业设备的优势和使用效果，通过展示成功案例，增强农民对设备使用的信心。同时，职业教育还应关注农民在设备使用过程中遇到的困难和问题，提供有针对性的指导和帮助，降低技术使用的门槛，促进现代农业设备在乡村的普及和应用。

（三）精准农业技术

精准农业技术是指通过利用先进的科技手段，实现对农业生产的精细化管理。其基本概念在于通过对农田的实时监测和数据分析，优化农业资源的配置和使用，从而提高生产效率和产出质量。在农业生产中，精准农业技术的重要性体现在其能够降低资源浪费，提升作物产量，并在一定程度上减少对环境的负面影响。这些优势使精准农业技术成为推动农业现代化和乡村振兴的重要工具。

精准农业技术的实施依赖多种先进的工具和设备，其中包括传感器、无人机和地理信息系统（GIS）等。传感器用于实时监测土壤湿度、养分含量、气象条件等关键农业参数，为精准施肥、灌溉提供数据支持。无人机则用于大面积农田的快速巡查和数据采集，能够高效地进行农作物健康状况的监测。GIS 系统则通过空间数据的分析与处理，帮助农民制订更科学的种植计划和土地管理策略。这些工具和设备的综合应用，使精准农业技术在农业生产中发挥了巨大的作用。

在提高资源利用效率和降低生产成本方面，精准农业技术显示出显著的优势。通过精准施肥和灌溉，农民能够在减少化肥和水资源使用的同时，确保作物获得所需的养分和水分，从而提高产量和质量。这不仅有助于降低生产成本，还能减少农业活动对环境的负面影响。此外，精准农业技术通过优化农机作业路径和减少重复劳动，进一步提高了农业生产的效率和经济效益。

在应对气候变化和提升农业可持续性方面，精准农业技术展现出巨大的潜力。通过对气候数据的监测和分析，农民可以更好地预测极端天气事件，并提前做好应对措施，从而减少对农业生产的影响。此外，精准农业技术通过提高资源利用效率，减少化肥和农药的使用，降低了农业生产对环境的压力，促进了农业的可持续发展。这些特性使精准农业技术在全球气候变化的背景下，成为实现农业可持续发展的重要途径。

二、职业教育与乡村人才经营管理能力提升

（一）现代管理工具应用

现代管理工具的基本概念涵盖了从数据分析到项目管理的广泛领域，帮助

乡村人才理解其功能和价值，是实现乡村振兴的重要支撑。通过职业教育，乡村人才能够更好地掌握这些工具，从而在日常经营管理中实现高效运作和科学决策。现代管理工具不仅是技术手段，更是推动乡村经济发展的重要动力。

使用数据分析工具可以培养乡村人才在市场调研、消费者行为分析和销售预测中的能力。通过学习如何收集、整理和分析数据，乡村人才可以更准确地把握市场动态，了解消费者需求，从而制定更加精准的销售策略。这种数据驱动的决策方式，不仅提高了乡村企业的市场竞争力，也为乡村经济的可持续发展提供了有力支持。职业教育通过系统化的培训，使乡村人才能够熟练运用这些工具，提升其市场敏感度和应变能力。

应用项目管理软件有助于提升乡村人才在项目规划、执行和监控过程中的组织协调能力。通过职业教育，乡村人才可以学习如何使用这些软件进行科学的项目管理，从而提高工作效率和项目成功率。乡村人才提升项目管理能力，有效整合资源，合理规划项目进度，能够确保项目按时、按质、按量完成。职业教育在这一过程中，起到了桥梁和纽带的作用，使乡村人才能够在实践中灵活运用所学知识。

社交媒体和数字营销工具的运用，是帮助乡村人才掌握现代营销策略，提高产品市场知名度和销售额的关键。通过职业教育，乡村人才可以学习如何利用社交媒体平台进行品牌推广，如何策划和实施数字营销活动。这不仅拓宽了乡村产品的销售渠道，也增强了乡村企业的市场竞争力。在数字化时代，掌握并熟练使用这些工具，是乡村人才适应市场变化、提升产品附加值的重要手段。职业教育通过系统化的培训，使乡村人才能够在数字经济中占据一席之地。

（二）农业企业管理能力提升

通过职业教育的介入，乡村经营者能够系统地学习和掌握现代农业企业管理的核心技能。这些技能不仅包括传统的农业生产技术，还涵盖了现代企业管理的各个方面，如市场分析、财务管理和人力资源规划等。职业教育通过课程设置和实训项目，帮助乡村经营者在理论与实践中不断提升自身的管理能力，从而有效应对农业企业在现代市场环境下的多重挑战。

在市场定位与竞争策略方面，职业教育为乡村经营者提供了识别目标市场和制定有效市场进入及竞争策略的工具和方法。通过对市场需求的分析，乡村经营者能够更精准地定位自己的产品和服务，明确目标客户群体，并制定相应的市场策略以提高市场份额。这种能力的提升不仅有助于农业企业在激烈的市场竞争中站稳脚跟，还能促进乡村经济的可持续发展。职业教育课程中融入的案例分析和市场模拟，使乡村经营者能够在实践中不断优化自身的市场策略。

品牌建设与推广是提升农业企业市场竞争力的重要手段，职业教育通过课程设计，帮助乡村经营者提升在产品包装、宣传和品牌形象塑造方面的能力。通过学习品牌管理理论和实践技能，乡村经营者能够打造具有市场辨识度和美誉度的品牌形象，增强消费者忠诚度。职业教育还通过案例分析，展示成功的品牌建设策略，为乡村经营者提供可借鉴的经验和方法，以便在实际操作中灵活运用。

风险管理与应对策略是农业企业可持续发展的保障，职业教育通过专门的培训模块，帮助乡村经营者识别潜在风险，并制定相应的应对措施。通过对市场、财务、法律等多方面风险的深入分析，乡村经营者能够提高企业的抗风险能力。职业教育还强调应急预案的制订和演练，使乡村经营者在面对突发事件时能够从容应对，保证企业的持续运营和发展。这种能力的提升不仅有助于农业企业的稳健发展，也为乡村振兴奠定了坚实的基础。

三、职业教育与乡村人才经济管理能力提升

（一）农村产业经济

农村产业经济是指以农业为基础，融合手工业和服务业等多元化产业的经济体系。这一经济体系的协调发展，需要通过职业教育培养具备综合管理能力的人才，以适应农村产业经济的多样性和复杂性。职业教育课程设置应注重理论与实践结合，提升乡村人才在农业生产、手工业创新以及服务业运营等方面的综合素养，为乡村产业经济的可持续发展提供人力支持。

农村产业经济的基本构成要素包括农业、手工业和服务业等多元化产业，这些产业的协调发展是实现乡村振兴的关键。职业教育通过提供相关技能培训，帮助乡村人才掌握现代农业技术、手工业创新方法以及服务业管理技能，从而推动各产业的协调发展。职业教育机构应与地方政府和企业合作，开展定制化培训项目，确保培养的人才能够满足农村产业经济的实际需求，并推动乡村经济的整体提升。

市场导向对乡村产业发展具有深远影响。职业教育可以通过课程设置和实

践教学，帮助乡村人才掌握市场分析方法，了解市场需求变化，进而指导乡村产业的生产和经营策略。通过职业教育，乡村人才能够更专业地进行市场调研，识别市场机会，优化产品和服务，提升农村产业经济的市场竞争力和适应性。

价值链管理有助于提升农村产业经济整体经济效益。职业教育强调通过优化各环节的管理，提高产品和服务的附加值。通过系统化的培训，职业教育帮助乡村人才掌握价值链管理的理论和实践技能，提升他们在生产、加工、销售等环节的管理能力。职业教育的价值在于培养出能够全面把控产业链各个环节的复合型人才，从而推动农村产业经济的高效发展。

（二）农村市场与贸易

农村市场的基本构成与特点显示出其多样性与互补性，主要包括农产品市场、手工业市场和服务业市场。农产品市场是乡村经济的核心，提供了丰富的农产品供给，而手工业市场则通过传统技艺和现代手工艺结合，创造出独特的地方产品。此外，服务业市场的兴起，不仅满足了农村居民的生活需求，还为他们提供了新的就业机会。这种市场结构的多样性和互补性，形成了农村经济的坚实基础。

在农村市场中，供需关系的分析是理解乡村产品竞争力与消费者偏好的关键。乡村产品在市场中的竞争力主要取决于其质量、价格以及品牌认知度。消费者偏好则受到多种因素影响，包括产品的独特性、价格合理性和产品的可获得性。通过职业教育，乡村人才可以更好地理解市场需求，提高产品质量和市场营销能力，从而增强乡村产品在市场中的竞争力。这种能力的提升，不仅推动了乡村经济的发展，也为乡村居民带来了更高的经济收益。

农村贸易的渠道与模式多样，包括直接销售、网络销售与合作社销售等。直接销售使农民能够与消费者直接接触，了解市场需求，而网络销售则通过电商平台扩大了产品的销售范围，增加了市场曝光度。合作社销售则通过集体力量，增强了市场议价能力，降低了销售风险。职业教育在这一过程中起到了关键作用，通过培训和教育，提升了农民的市场意识和贸易技能，使他们能够更好地选择适合的贸易模式，优化资源配置，提高经济效益。

（三）农村人力资源开发

农村人力资源开发其基本概念涵盖了通过教育和培训提升农村人口的综合

素质与能力，以适应现代经济社会发展的要求。有效的人力资源开发不仅能提高个人的就业能力和生活质量，还能为乡村振兴提供坚实的人才基础。农村人力资源开发的核心在于提高农村劳动力的技术水平和管理能力，使其能够更好地参与和推动乡村经济的转型与升级。通过科学的规划和实施，农村人力资源开发能够显著提升乡村地区的经济活力和促进社会和谐。

针对农村人力资源的培训与发展策略是实现乡村振兴的重要路径。首先，技能培训可以帮助农村居民掌握现代农业技术和非农产业技能，从而拓宽就业渠道。其次，职业指导能够为农村人才提供职业规划和发展建议，帮助他们更好地适应市场需求。最后，创业支持则为有志于创业的农村人才提供资金、技术和市场信息支持，激发他们的创新潜力和创业热情。这些策略的结合应用，可以有效地提高农村人力资源的利用效率，促进乡村经济的可持续发展。

优化人力资源配置，可以提高资源的使用效率，推动农村经济结构的调整和升级。在这一过程中，职业教育发挥着重要的支持作用。职业教育不仅能够为农村提供高素质的人才，还能在技术推广和产业发展中提供智力支持。通过职业教育与乡村振兴战略的有机结合，可以实现农村经济的持续增长和社会的全面进步。

四、职业教育与乡村人才职业素养提升

（一）职业道德教育

通过职业道德教育，学生能够理解并内化职业活动中应遵循的道德标准，从而在实际工作中自觉履行社会责任。这一教育过程强调职业道德在个人职业生涯发展中的重要性，帮助学生在复杂的职业环境中作出正确的道德判断和行为选择。

职业道德教育的内容应包括诚信、责任、尊重等基本原则，以帮助学生树立正确的职业价值观。诚信是职业道德的基石，要求学生在职业活动中做到诚实守信，言行一致。责任感则要求学生在履行职业职责时，能够对自己的行为负责，并积极承担相应的后果。尊重他人是职业道德教育的另一个重要原则，强调在职业活动中对同事、客户以及社会的尊重，形成良好的职业关系和工作氛围。通过这些原则的教育，学生能够在职业生涯中形成稳固的道德基础。

职业道德教育应结合乡村实际，针对特定行业或岗位的道德要求，提供有

针对性的培训内容。乡村地区的职业环境和道德需求与城市有所不同，因此在职业道德教育中，必须考虑到乡村的具体情况和行业特点。针对不同岗位的具体道德要求，职业教育机构可以设计相应的课程内容，确保培训的针对性和实效性。例如，针对乡村人才的职业道德教育，应重点关注环境保护和可持续发展等方面的道德要求。

（二）职业行为规范

职业行为规范明确了乡村人才在工作中的基本职业操守和道德标准，确保其行为符合行业要求。这一规范不仅是对职业道德的约束，更是对职业操守的提升。通过职业行为规范的制定，职业教育能够为乡村人才提供明确的职业道德标准，使其在工作中能够自觉遵循行业规则，维护职业的尊严与诚信。这种规范化的职业行为要求，不仅能够提升个人的职业素养，也有助于塑造良好的职业形象，进而促进乡村经济的可持续发展。

为了使职业行为规范真正发挥作用，职业教育机构应建立完善的培训机制，帮助学生理解并掌握在特定行业中应遵循的行为规范。这种培训机制的建立，不仅是对职业技能的补充，更是对职业道德的强化。通过系统的培训，学生能够在学习过程中逐步内化职业行为规范，将其转化为自觉的行动指南。同时，培训还应结合实际案例分析，使学生在实践中更好地理解和应用职业行为规范，增强其职业判断力和决策能力，从而在未来的职业生涯中更好地服务于乡村振兴的目标。

职业行为规范的制定应特别关注团队合作精神，强调在工作中与同事和客户的有效沟通与协作。团队合作是现代职业环境中不可或缺的一部分，尤其是在乡村振兴的背景下，团队合作能够有效整合资源，提升工作效率。因此，职业教育应注重培养学生的团队合作能力，鼓励他们在工作中积极参与团队活动，与同事和客户保持良好的沟通与协作关系。通过对团队合作精神的强调，学生能够在职业生涯中更好地融入工作团队，促进乡村发展目标的实现。

职业行为规范应结合乡村振兴的实际需求，为乡村人才提供适应当地经济和社会环境的行为指导。乡村振兴战略的实施，需要大量具备职业素养的人才，而职业行为规范的制定，正是为了满足这一需求。通过结合乡村振兴的实际情况，职业行为规范能够更好地指导乡村人才在工作中适应当地的经济和社会环境，推动乡村的可持续发展。职业教育在这一过程中，扮演着重要的角色，通过提供适应性强的职业教育课程，帮助乡村人才更好地融入当地经济发展，推动乡村振兴的实现。

第三节　职业教育与乡村创新创业人才培养

一、职业教育与乡村人才创新创业意识激发

（一）创新思维培养

通过项目式学习，学生能够在解决实际问题的过程中激发创新思维。这种学习方式不仅要求学生掌握理论知识，更鼓励他们在实践中提出独特的解决方案，从而培养其创新能力和实践能力。项目式学习强调学生的主动参与和自主探索，通过实际操作和问题解决，学生能够在真实情境中锻炼和提高创新能力。同时，这种学习模式也为学生提供了一个开放的交流平台，使他们能够在团队合作中互相启发，形成更具创造性的思维方式。

跨学科课程设计是培养学生创新思维的一种有效途径。通过将不同学科的知识融会贯通，学生能够从多角度思考问题，促进多元化的创新思维发展。跨学科课程鼓励学生打破传统学科界限，综合运用不同领域的知识和技能，解决复杂问题。这种教学方式不仅拓宽了学生的知识面，还培养了他们的批判性思维能力和创新精神。通过跨学科的学习，学生能够更好地理解和应对现实世界中的复杂挑战，提升其综合素质和竞争力。

定期开展创新思维训练工作坊，通过游戏和互动活动培养学生的创意思维和灵活应变能力，是职业教育的重要环节。这些工作坊通过设计多样化的互动环节，激发学生的创造力和想象力，使他们在轻松愉快的氛围中锻炼思维能力。游戏和互动活动不仅能够增强学生的学习兴趣，还能提高他们的团队合作能力和沟通技巧。在这些活动中，学生可以自由表达自己的观点和想法，培养开放的心态和灵活的思维方式，为其创新能力的提升提供有力支持。

（二）创业动机激发

在职业教育中激发学生的创业动机是培养乡村创新创业人才的关键一步。通过设置专门的创业课程，学生可以学习到市场分析、商业计划书撰写等实用技能。这些课程不仅帮助学生了解创业的基本流程和要求，还能使他们在理论和实践中掌握创业的核心知识。同时，课程设置中注重实际操作，帮助学生在

模拟的商业环境中体验创业过程，进而增强他们的创业意识和实践能力。

为了进一步激发学生的创业动机，学校可以邀请成功的创业者来分享他们的经验和故事。通过这些真实的案例，学生能够更直观地感受到创业的成就感与满足感。这些成功者的故事不仅能激励学生树立创业信心，还能为他们提供有益的指导和启示。此外，创业者的亲身经历也能帮助学生认识到创业过程中可能遇到的困难和挑战，从而做好更充分的准备。

组织创业实践活动是另一种有效的激发方式。通过参与模拟创业项目，学生可以在真实的商业环境中体验创业过程。这种实践活动不仅能增强学生的创业意识，还能提高他们在实际操作中的应变能力和决策能力。在这些活动中，学生可以体验到从创意提出到项目实施的全过程，并在实践中学习如何应对各种商业挑战。

此外，学校还可以开展创业主题的讲座和研讨会。在这些活动中，学生可以与专家学者、行业领袖进行交流，讨论创业中的挑战与机遇。这些讲座和研讨会不仅能为学生提供最新的行业动态和趋势，还能培养他们的风险意识和应对策略。通过深入的交流和讨论，学生能够更全面地了解创业的复杂性和多样性。

二、职业教育与乡村创新创业导师团队建设

（一）导师选拔标准

1. 导师的行业经验

在导师选拔标准中，导师的行业经验是其首要考量因素，他们应当在相关领域具备丰富的实践经历，能够为学生提供切实可行的操作指导，并结合市场导向帮助学生理解行业趋势。这种经验不仅是对技术的掌握，更是对行业整体运作模式的深刻理解。通过分享自身的实战经历，导师能够帮助学生在实际操作中更好地应对挑战，培养其解决问题的能力。此外，市场导向的指导还能够帮助学生在创业初期就树立正确的市场意识，明确未来的发展方向和策略。

2. 良好的沟通能力

优秀的导师不仅要能够传递知识，更要能够激发学生的学习兴趣。在乡

村创新创业的背景下，学生往往面临资源匮乏和信息闭塞的问题，导师的沟通能力至关重要。通过有效的沟通，导师能够帮助学生克服学习中的困难，增强他们的自信心和积极性。这种能力还包括对学生个性化需求的敏锐洞察，能够因材施教，提供有针对性的指导和建议，帮助学生在学习过程中充分发挥潜力。

3. 教学经验

具有教学经验的导师能够设计出符合学生需求的培训课程和活动，确保教学内容的实用性和针对性。乡村地区的学生背景各异，需求多样，导师需要根据学生的实际情况，灵活调整教学计划，提供个性化的学习方案。通过系统的课程设计，导师能够帮助学生掌握必要的技能，提高他们的综合素质，为未来的创新创业奠定坚实的基础。

（二）导师培训机制

1. 建立系统化的导师培训课程

系统化的导师培训课程应涵盖创业指导、市场分析和创新思维等多方面内容，确保导师能够为学生提供全面而深入的指导。这样的课程不仅能帮助导师掌握必要的专业知识，还能培养其创新思维和市场敏锐度。

2. 定期举办导师培训研讨会

通过邀请行业专家分享最新的行业动态和技术趋势，导师可以及时了解行业的发展方向和新兴技术。这种学习和交流的机会，不仅拓宽了导师的视野，也增强了他们在教学中的前瞻性和实用性。研讨会还为导师提供了一个交流平台，促进彼此之间的经验分享和思想碰撞，进一步提高团队的整体水平。

3. 设计有效的导师评估机制

通过学生反馈和教学效果评估，导师培训内容和方式可以得到持续改进。这种反馈机制不仅帮助识别培训中的不足，还能为导师提供宝贵的改进建议，确保他们的教学方法和内容始终符合学生的需求和市场的变化。实施评估机制，可以使培训得到及时动态的调整，保持高效和高质量。

4. 鼓励导师参与实际项目，为其提供实践机会

在真实环境中锻炼，导师不仅能更深入地理解创业过程，还能积累宝贵的实践经验。这种实践性学习，使导师能够将理论与实践相结合，提升其解决实际问题的能力。同时，通过参与项目，导师也能更好地感受到市场的真实需求，从而在教学中更有针对性地培养学生的创新创业能力。

5. 建立导师间的交流合作平台

这样的平台可以促进经验分享与资源共享，使导师能够互相学习、互相支持。通过合作与交流，导师团队可以形成合力，共同应对教学中的挑战和问题。这种协作不仅有助于个人能力的提升，也能提高整个团队的教学质量和创新能力，从而更好地支持乡村创新创业人才的培养。

三、职业教育与乡村创新创业项目孵化

（一）项目筛选与评估

1. 明确项目的市场需求

通过明确项目的市场需求，评估其在乡村经济中的可行性与潜在收益，确保项目的成功实施。市场需求的明确不仅需要对当前市场进行全面调查，还需结合乡村经济发展的具体情况，识别出潜在的市场空白和机会。职业教育机构可以通过课程设计和培训项目，帮助学生掌握市场调研和分析的基本技能，从而提高项目筛选的精准度和效率。

2. 建立科学的评估指标体系

职业教育机构可以引入多维度的评估标准，包括项目的社会效益、经济效益和环境影响等方面，以全面衡量项目的价值。社会效益评估需要考虑项目对乡村社区的贡献，如就业机会的增加和生活质量的改善。经济效益则关注项目的盈利能力和经济增长潜力，而环境影响评估则需确保项目的实施不会对当地生态系统造成负面影响。通过职业教育的支持，学生能够系统学习这些评估指标的设定和应用，提升项目的整体评估能力。

3. 对项目的创新性进行评估

职业教育可以通过创新思维培养和案例分析，激发学生在技术、管理或市场模式上的创造力，推动项目的独特性和前瞻性。创新性评估不仅关注项目本身的创新程度，还需考虑其在实际应用中的可行性和市场接受度。职业教育机构可通过模拟实践和创新竞赛等方式，培养学生的创新能力和实践经验，为乡村创新创业项目的成功孵化提供有力支持。

4. 项目实施的可持续性

职业教育机构应引导学生分析项目在资源使用、环境保护和社区参与等方面的长期影响，以确保项目的可持续发展。资源使用的合理性、环境保护的有效性以及社区参与的积极性都是项目可持续性的关键要素。通过职业教育的系统培训，学生可以学习如何在项目规划和实施中融入可持续发展理念，确保项目在实现经济效益的同时，兼顾社会和环境责任，为乡村振兴贡献持久动力。

（二）孵化资源与支持

1. 建立多方合作机制

通过建立多方合作机制，职业教育能够有效整合政府、企业和教育机构的资源，为创业项目提供资金、技术和市场支持。这种合作机制不仅能够最大化资源的利用效率，还能促进各方在项目孵化过程中的协同发展。政府可以通过政策倾斜和财政支持，为创业项目提供必要的资金保障；企业则可以提供技术支持和市场渠道，帮助创业者更好地将创新成果转化为市场产品；教育机构则在培养创业者的过程中，提供理论与实践相结合的教育支持。这种资源整合的策略，显著提升了乡村创业项目的成功率，为乡村振兴提供了坚实的人才基础。

2. 提供创业培训和指导

通过系统的创业培训，创业者能够掌握项目管理、市场营销和财务管理等关键技能，从而提高其创业成功率。职业教育机构通常会邀请行业专家和成功的企业家作为导师，对创业者进行一对一的指导。这种个性化的指导不仅能够帮助创业者解决实际问题，还能激发他们的创新思维和创业热情。此外，职业教育机构还会组织创业竞赛和创新项目展示活动，为创业者提供展示和交流的平台，进一步增强其信心和能力。这些培训和指导措施，为乡村创业者提供了全方位的支持，极大地提高了乡村创业活动的质量和成效。

3. 设立创业孵化基地

孵化基地不仅提供办公空间、设备和实验室等基础设施，还为创业者提供了一个交流与合作的平台。在孵化基地中，创业者可以共享资源、交流经验，共同解决创业过程中遇到的各种挑战。此外，孵化基地还会定期举办各种培训和交流活动，帮助创业者不断提升自身能力，拓展人脉关系。这种环境和资源的支持，显著降低了创业者的初期投资风险，使他们能够更加专注于创新和项目开发，从而推动乡村经济的多元化发展。

四、职业教育与乡村创新创业氛围营造

（一）创新创业文化推广

1. 组织讲座和研讨会

组织讲座和研讨会是推广创新创业文化的重要途径，这些活动不仅能提升乡村人才对创新创业的认知，还能激发他们的兴趣。通过与专家、成功创业者的互动，乡村人才可以获得宝贵的经验和启发，从而增强他们在创新创业领域的信心和能力。同时，讲座和研讨会也为乡村人才提供了一个交流平台，使他们能够分享各自的想法和见解，促进思想碰撞和创新思维的形成。

2. 建立浓厚的创新创业文化氛围

通过职业教育机构的支持，乡村可以定期举办创业大赛和项目展示，激发乡村人才的积极性。这些活动不仅为乡村人才提供了展示自我和验证想法的机会，还能帮助他们在实践中发现问题、解决问题，从而提升综合素质。此外，创业大赛和项目展示也有助于吸引更多的外部资源和关注，为乡村创新创业提供更广阔的发展空间和机遇。

3. 社区活动的开展

通过鼓励乡村人才分享创业经验和创新想法，社区活动能够有效促进知识

的交流和合作。在这些活动中，乡村人才可以互相学习，取长补短，从而提高整体创新能力。社区活动还可以增强人才之间的凝聚力，形成良好的创新创业氛围，使每个参与者都能感受到来自集体的支持和动力。同时，这种知识共享和合作的方式也为乡村人才提供了更多的创业灵感和机会，推动了乡村的整体发展。

4. 结合当地特色产业，设计具有地方文化和市场需求的创业项目

职业教育在这方面可以发挥重要作用，通过课程设置和实践指导，使乡村人才能够更好地了解和利用当地资源，开展具有地域特色的创业活动。这不仅能够提升乡村人才的创新能力，还能促进当地经济的发展和文化的传承。通过这种方式，乡村人才可以在创业过程中实现自我价值，并为乡村的长远发展作出贡献。

（二）创新创业活动组织

作为职业教育的一部分，创新创业活动的组织不仅为乡村人才提供了展示和实践的平台，也为他们注入了新的活力和信心。在这一过程中，组织创业大赛成为一个重要的举措。这些大赛为乡村人才提供了展示创新项目的机会，使他们能够在实际竞争中提升实践能力和市场意识。通过这样的活动，乡村人才不仅可以获得宝贵的实战经验，还能在市场环境中锻炼自己的应变能力和商业思维，从而为未来的创业之路奠定坚实的基础。

此外，创业工作坊也是职业教育支持乡村创新创业的重要形式之一。在这些工作坊中，邀请成功的创业者分享他们的经验和心得，为乡村人才提供了宝贵的学习机会。这些经验分享不仅帮助乡村人才建立起创业的信心，还能提升他们的创业技能，使他们在创业的道路上少走弯路。通过与成功创业者的交流，乡村人才可以更清晰地了解创业过程中的挑战与机遇，从而更好地规划自己的创业路径。

在营造良好的创业氛围方面，建立乡村创业沙龙起到了积极的推动作用。通过定期的沙龙活动，创业者可以在轻松的环境中分享经验、交流想法，甚至达成合作。这种互动不仅促进了创业者之间的联系，也为他们提供了一个互相学习和借鉴的平台。在沙龙中，创业者可以探讨各自遇到的问题，分享解决方案，从而在共同成长中提升创业成功率。

（三）创新创业成果表彰与奖励

1. 设立乡村创新创业奖

通过设立乡村创新创业奖，能够有效表彰在创新创业领域表现突出的个人或团队。这不仅是对他们努力和成就的认可，更是激发更多乡村人才参与创业活动的重要手段。表彰机制的建立，有助于在乡村营造浓厚的创新创业氛围，推动更多人投身于创业实践中，从而形成良性循环。通过这种激励措施，乡村的创新活力将得到极大提升，乡村经济也会因此焕发新的生机。

2. 创建乡村创业成果展示会

设立乡村创新创业奖的同时，创建乡村创业成果展示会也是一个重要的举措。展示会为创业者提供了一个展示其创新项目的平台，通过定期邀请创业者展示其创新项目，不仅可以促进经验分享，还可以实现资源对接。这种互动性极强的活动形式，不仅能够增强创业者之间的联系，还能为他们提供更多的合作机会和市场拓展可能。展示会的举办，能够使乡村创业者获得更多的关注和支持，同时也能为他们的项目吸引到潜在的投资者和合作伙伴。

第四章　基于职业教育的乡村振兴信息化建设

第一节　基于职业教育的乡村信息基础设施建设

一、基于职业教育的乡村信息网络建设

（一）乡村信息网络规划与布线设计

乡村信息网络规划与布线设计是乡村信息化建设的核心环节，直接关系到网络的稳定性和可用性。在规划阶段，需要综合考虑乡村的地理环境和现有基础设施，制定合理的网络拓扑结构。布线设计则要求根据乡村的实际地形和建筑布局，选择最优的线路铺设方案，以确保信号的覆盖范围和传输质量。此外，布线过程中还需注意与其他基础设施的协调，避免对乡村生态环境的破坏。通过科学的规划与布线设计，能够有效提高乡村信息网络的建设效率和使用寿命。

乡村信息网络的需求分析是规划设计的重要前提，需详细评估用户群体、使用场景及数据流量。乡村用户群体多样，包括农民、乡村企业和政府机构等，他们对网络的需求各异。使用场景涵盖农业生产管理、远程教育、医疗服务等多个方面，因此，需根据具体场景进行数据流量预测，以确保网络能够满足高峰期的使用需求。准确的需求分析，可以为乡村信息网络的建设提供科学依据，确保网络规划的合理性和实用性。

在乡村信息网络的技术选择中，需综合考虑光纤、无线和卫星等多种网络接入方式的优缺点。光纤网络在传输速度和稳定性方面表现优异，但建设成本较高，适用于人口密集或经济条件较好的地区。无线网络具有灵活性和成本优势，适合地形复杂或人口稀疏的乡村。卫星网络则能提供广域覆盖，但受天气影响较大。根据乡村的实际情况，合理选择接入方式，能够在满足需求的同时，优化建设成本和使用体验。

乡村信息网络的安全性设计至关重要，涉及数据传输的安全性和用户隐私的保护。在网络建设过程中，应采用先进的加密技术和防火墙措施，确保数据在传输过程中的安全性。此外，还需建立完善的用户认证和访问控制机制，防

止未经授权的访问和数据泄露。通过多层次的安全性设计，能够有效提高乡村信息网络的安全水平，保障用户的合法权益和隐私。

乡村信息网络的可持续性考虑包括维护成本、技术更新及用户培训方案的制订。网络建设完成后，需建立长效的维护机制，定期对网络设备进行检测和维护，以保证其正常运行。技术更新是网络可持续发展的关键，需及时引入新技术，提高网络性能和服务水平。用户培训则是提高网络使用效率的重要手段，通过定期的培训和指导，提高乡村用户的网络使用技能，确保信息化建设的长效推进。

（二）高速宽带接入与无线网络覆盖

高速宽带接入与无线网络覆盖是乡村信息化建设的重要组成部分。通过职业教育的支持，乡村地区能够更有效地实现高速宽带的普及，进而促进乡村经济的发展。

1. 高速宽带接入

高速宽带接入不仅提升了农业生产效率，还为农村电商的发展提供了技术支持。农业生产过程中的数据采集与分析需要依赖高速宽带，以实现精准农业和智能化管理。同时，农村电商的发展依托稳定的网络连接，能够有效地拓宽农产品的销售渠道，提高农民的收入水平。职业教育在这一过程中起到了关键作用，通过培训和技能提升，帮助乡村居民掌握必要的技术知识，推动乡村信息化的全面发展。

2. 无线网络覆盖

无线网络覆盖在乡村教育中的重要性同样不可忽视。无线网络的普及为乡村学生和教师提供了更加便捷的学习资源和在线课程，打破了传统教育的时空限制。通过职业教育的引导，乡村学校能够更好地利用无线网络开展远程教学，丰富教学内容，提高教学质量。此外，在线教育平台的使用，也为乡村学生提供了与城市学生同等的教育机会，缩小了城乡教育差距。职业教育通过课程设计和师资培训，帮助乡村教师提升信息化教学的能力，为乡村教育的现代化发展提供了有力支持。

高速宽带和无线网络的普及对乡村医疗服务的影响也极为显著。通过职业教育的推动，乡村地区可以更好地实施远程医疗和健康咨询服务，为村民提供便捷的医疗支持。高速网络连接使医疗信息的传输更加高效，医生可以通过远程诊断为村民提供专业的健康建议，减少了村民因就医产生的时间和经济成本。职业教育在这一过程中，通过培训乡村医疗人员的信息化操作技能，提高了乡村医疗服务的整体水平，促进了乡村医疗资源的均衡分配。

（三）乡村信息网络使用培训与指导

乡村信息网络使用培训与指导在促进乡村振兴中发挥着关键作用。通过开展基础培训，村民能够掌握基本的网络操作技能，如上网、使用电子邮件和社交媒体等。这些技能不仅拓宽了村民获取信息的渠道，也为他们提供了更多与外界交流的机会，促进了乡村与外界的互动。在职业教育的支持下，培训内容得以系统化和专业化，确保村民在接受培训后能够有效应用所学技能，提高生活质量和工作效率。

为了满足不同年龄群体的需求，制定有针对性的培训课程显得尤为重要。不同年龄段的村民在技术接受能力和使用需求上存在差异，因此，课程设计需要考虑这些因素，以便提供适合的网络使用指导。职业教育机构可以根据村民的反馈和实际需求，灵活调整课程内容和教学方法，确保每位参与者都能从中受益。这种因材施教的方式，提高了培训的有效性，增强了村民参与的积极性。

在线和线下相结合的培训模式是提高培训覆盖面和参与度的有效策略。通过网络课程，村民可以在家中灵活学习，而现场讲座则为他们提供了面对面交流和实践操作的机会。这种混合式培训模式不仅节省了时间和成本，也提高了村民的学习效率。职业教育的介入，确保了培训内容的专业性和实用性，使村民能够在短时间内掌握必要的技能，推动乡村信息化进程。

二、基于职业教育的乡村数据中心建设

（一）数据中心选址与规划

在乡村地区进行数据中心的选址与规划时，需要充分考虑地理位置的便利性。这不仅涉及与主要通信网络和电力供应的连接，还需要确保基础设施能够高效运行。乡村地理位置的选择至关重要，它直接影响到数据中心的运营效率和服务质量。通过合理的选址，数据中心可以更好地融入乡村的整体信息化建

设中，提高当地的数字化水平。此外，选址的便利性也关系到后续的维护和管理成本，是数据中心长期可持续发展的基础。

规划数据中心时，评估当地的气候条件是不可或缺的步骤。不同的气候条件对数据中心的冷却系统和建筑材料提出了不同的要求。选择适合的冷却系统不仅可以有效降低能耗，还能减少运营成本，从而提高数据中心的经济效益。建筑材料的选择同样重要，应根据当地气候特征，选择具备良好隔热和防潮性能的材料，以保障数据中心的安全和稳定运行。这种因地制宜的规划方式，有助于实现数据中心的绿色发展目标。

数据中心与当地职业教育机构的合作是关键。这种合作可以确保数据中心为乡村提供定制化的教育和培训数据服务，满足当地居民的学习和发展需求。通过职业教育机构的参与，数据中心可以成为乡村信息化教育的核心平台，推动乡村人力资源的提升和经济的发展。职业教育机构的专业知识和实践经验，将为数据中心的建设和运营提供有力的支持，促进乡村振兴的全面实现。

在数据中心的规划中，未来技术的发展是一个重要的考量因素。预留扩展空间和灵活的架构设计，可以使数据中心适应不断变化的业务需求和技术进步。这种前瞻性的规划，不仅能提高数据中心的适应能力，还能延长其使用寿命。通过灵活的架构设计，数据中心可以快速响应技术变革和市场需求，保持竞争优势。这种以未来为导向的规划理念，将为乡村数据中心的可持续发展奠定坚实的基础。

（二）数据存储与处理能力提升

提升数据存储能力以支持大规模职业教育资源的存储和管理，确保乡村教育数据的安全性和完整性。当前，随着职业教育信息化的不断推进，乡村地区的数据量呈现出爆炸式增长的趋势。这种增长不仅是由于教育资源的数字化转型，还包括教育过程中的数据积累，如学生学习行为数据、教学资源使用数据等。因此，构建一个高效的数据存储系统显得尤为重要。通过采用先进的数据压缩技术和分布式存储架构，可以在有限的硬件条件下实现大规模数据的高效存储。同时，必须加强对数据安全和完整性的保障，采用加密技术和访问控制策略，确保数据在传输和存储过程中的安全性。

在数据处理方面，传统的批处理模式已无法满足现代职业教育对数据实时性的要求。为此，需引入先进的数据流处理技术，利用大数据分析平台，实现对海量数据的实时分析与处理。这不仅能够提高教育管理者的决策效率，还能为教师提供及时的教学反馈，帮助学生实现个性化学习。通过优化算法，提升数据处理速度，确保在最短的时间内从海量数据中提取有价值的信息，为乡村职业教育的科学发展提供有力支持。

数据备份与恢复是信息化建设中的关键环节，尤其是在面临自然灾害或人为破坏等突发事件时，备份机制的完善程度直接关系到数据的安全与可用性。在乡村职业教育信息化建设中，应建立多层次的备份与恢复机制，包括本地备份、异地备份和云备份等多种形式。定期的备份策略和快速的恢复机制，确保在任何情况下都能迅速恢复数据，保障教育活动的连续性和稳定性。

（三）数据中心运维与管理

数据中心作为信息存储和处理的核心，其运维与管理不仅关系到数据的安全性，还直接影响到乡村信息化的整体效率。因此，建立一支专业的数据中心运维团队至关重要。这支团队需要具备丰富的专业知识和实践经验，能够对设备和系统进行定期的维护与管理，及时处理故障和异常情况，确保数据中心的稳定运行。同时，专业人员的配备也能有效降低设备故障的发生率，提高数据中心的可靠性。

为了进一步提高数据中心的运维管理水平，实施数据中心监控系统是不可或缺的。通过实时跟踪设备的运行状态以及温度、湿度等环境参数，运维团队可以提前发现潜在问题，采取预防措施，确保数据中心的安全与稳定运行。这种实时监控不仅能够提高数据中心的运行效率，还能在很大程度上减少由于环境因素导致的设备损坏。此外，监控系统的应用也为运维人员提供了全面的数据支持，有助于优化管理策略，提高整体运维水平。

制定数据中心运维标准和流程是确保运维工作有序进行的基础。明确各项操作规程，不仅能够提高运维效率，还能有效降低人为错误的发生率。标准化的流程为运维人员提供了明确的指导，使其在日常工作中能够更加准确地执行各项操作。同时，运维标准的制定也为新员工的培训提供了良好的基础，使其能够快速掌握必要的技能，融入团队工作。通过这些标准和流程，数据中心的运维工作能够更加规范化、系统化，确保各项任务的高效完成。

此外，定期开展运维培训与演练可以有效提高运维团队的技术水平和应急处理能力。通过培训，运维人员可以不断更新知识，掌握最新的技术和管理方法，从而提高其专业素养。演练则为运维人员提供了实战机会，使其能够在模拟的突发情况下检验和提升应急处理能力。这种实践与理论相结合的方式，不仅能增强团队的协作能力，还能确保数据中心在突发情况下迅速恢复正常运行，最大程度地减少对乡村信息化建设的影响。

三、基于职业教育的乡村云服务平台建设

（一）云平台架构设计与部署

在乡村振兴的信息化建设中，通过合理的云平台架构设计，可以有效支持乡村的教育、农业和服务等多领域的发展。云平台的架构设计需要考虑模块化设计的原则，确保各个功能模块之间的解耦与灵活性。这种设计不仅便于后期的扩展和维护，还能快速响应乡村需求的变化，支持多样化的应用场景。模块化的设计使各个功能模块可以独立开发和更新，减少了系统的复杂性，提高了开发效率和系统的稳定性。

云平台的模块化设计不仅是技术上的要求，更是实现高效管理和灵活应用的基础。通过模块化设计，云平台能够实现功能的快速迭代和升级，满足乡村不断变化的需求。同时，模块化设计也有助于实现资源的合理分配和利用，提升平台的整体效能。在模块化的云平台中，各个模块可以独立运行，这意味着在一个模块出现问题时，不会影响其他模块的正常运行，从而提高了系统的可靠性和可维护性。

在云服务平台的构建中，数据安全策略是不可忽视的重要环节。数据安全策略包括数据加密、访问控制和身份验证等措施，这些措施共同保障用户信息的安全与隐私。数据加密技术能够有效防止数据在传输过程中的泄露，而访问控制和身份验证则确保只有经过授权的用户才能访问特定的数据和资源。这些安全措施不仅保护了用户的隐私，还增强了用户对平台的信任，为乡村信息化建设提供了坚实的保障。

云平台的高可用性设计是确保系统在高并发情况下稳定运行的关键。通过采用负载均衡和冗余备份等技术，云平台能够在用户访问量剧增时保持高效的服务质量。负载均衡技术可以将用户请求分配到多个服务器上，减少单一服务器的压力，而冗余备份则确保在某个服务器出现故障时，其他服务器能够接管其任务，保证系统的连续性和稳定性。这种高可用性设计对乡村信息化建设至关重要，确保了平台始终如一的服务水平。

（二）云服务功能开发与集成

1. 开发在线职业技能培训模块

通过开发在线职业技能培训模块，云服务平台能够提供多样化的课程选择，满足乡村学生的个性化学习需求。这些模块不仅涵盖了传统农业技能，还包括现代农业技术、电子商务、乡村旅游等多个领域，旨在培养乡村学生的多元化技能。灵活的学习时间安排使学生可以根据自身的生活和工作情况自由选择学习时间，从而提高学习的有效性和参与度。这种灵活性和多样性为乡村振兴提供了强有力的人才支持。

2. 集成远程指导与咨询服务

通过视频会议和在线聊天工具，乡村学生可以方便地与职业教育专家进行一对一的交流与指导。这种直接的互动不仅能解决学生在学习过程中遇到的具体问题，还能促进知识的深度理解和应用。远程指导的优势在于打破了地域限制，使优质的教育资源能够更加公平地分配到乡村地区，提升了职业教育的普及性和可及性。这种模式的实施为乡村学生的职业发展提供了切实的帮助。

3. 构建职业资格认证系统

通过提供在线考试和评估功能，乡村学生可以在不离开家乡的情况下获取职业资格证书。这不仅降低了他们获取证书的成本，还提高了他们的就业竞争力。职业资格认证系统的建立，能够有效地激励学生参与职业教育，并通过获取认证来提升自身的职业发展路径。这种以认证为导向的教育模式，能够更直接地与就业市场需求相对接，为乡村振兴提供了坚实的人力资源保障。

四、基于职业教育的乡村信息基础设施维护

（一）日常维护计划制订

1. 制订定期检查计划

制订定期检查计划可以有效确保信息化设备的硬件和软件保持正常运行状

态，这对于及时发现和解决潜在问题至关重要。定期检查不仅有助于延长设备的使用寿命，还能减少因设备故障导致的服务中断，从而为乡村信息化建设提供稳定的支持。职业教育在此过程中可以通过培养专业技能人才，确保他们具备必要的技术知识和能力，以执行这些维护计划。通过系统化的职业教育培训，乡村地区能够更好地应对信息化设备的维护挑战。

2. 建立设备使用日志

通过记录设备的使用频率、故障情况及维护历史，可以为后续的管理和决策提供重要的数据支持。这些记录能够帮助识别设备的使用模式和潜在问题，从而优化维护策略。职业教育可以通过培训课程，教授乡村技术人员如何有效地记录和分析这些数据，以提高设备的管理效率。同时，这些日志数据也为职业教育机构提供了宝贵的实践案例，使其课程内容更具针对性和实用性，从而进一步提高乡村人才的技术水平。

3. 设立专门的维护团队

维护团队负责信息基础设施的日常维护和技术支持，确保设备始终处于最佳状态。职业教育可以通过提供专业的技术培训，帮助乡村地区建立一支具备高水平技术能力的维护团队。这种团队不仅能够迅速解决设备故障，还能为乡村信息化建设提供持续的支持。通过职业教育的持续投入，乡村地区的技术人员能够不断提升自身技能，从而更好地应对信息化建设中的各种挑战。

4. 制订应急预案

针对可能出现的设备故障和网络中断情况，制订详细的应急预案可以确保迅速响应和恢复服务。职业教育在此过程中可以发挥重要作用，通过模拟演练和案例分析，帮助乡村技术人员掌握应急预案的实施技巧。这不仅提高了乡村信息化建设的安全性和可靠性，也增强了乡村地区抵御信息化风险的能力。通过完善的应急预案和职业教育的支持，乡村信息基础设施的维护将更加稳健和高效。

（二）故障排查与修复

1. 系统化的故障排查流程

有效的故障排查流程是确保信息化系统正常运作的基础。建立系统化的故障排查流程，可以明确各类设备故障的识别标准与处理步骤。这不仅有助于快速定位问题源头，还能提高整个系统的响应速度。在职业教育的指导下，乡村技术人员能够掌握这些流程，从而为信息化建设提供坚实的技术保障。这种培训不仅提升了乡村技术人员的专业技能，也为乡村振兴的信息化发展奠定了基础。

2. 实时监控设备运行状态

通过职业教育的培训，乡村技术人员能够熟练运用监控系统，对设备进行全天候的状态监测。这种实时监控能够及时发现设备运行中的异常情况，并进行预警，显著减少故障发生的概率。通过这样的技术支持，乡村能够实现信息化系统的稳定运行，避免因设备故障导致的信息中断，从而保障乡村信息化建设的顺利推进。

3. 设备的定期性能评估与维护

通过系统的职业教育培训，乡村技术人员能够定期对设备进行性能评估和维护。这种定期的维护不仅能够降低故障率，还能延长设备的使用寿命。通过职业教育的支持，乡村在信息化建设中能够实现设备的高效管理和运行，为乡村振兴提供了坚实的技术支持。

4. 建立用户反馈机制

通过职业教育的培训，乡村信息技术人员能够建立和管理有效的用户反馈机制，收集用户在使用过程中遇到的问题与建议。这种反馈机制不仅为故障排查提供了重要依据，还能帮助技术人员不断优化系统，提高服务质量。通过职业教育的支持，乡村能够更好地满足用户需求，推动信息化建设的可持续发展，为乡村振兴提供持续的动力。

（三）设施升级与改造

设施升级与改造的第一步是评估现有设施的性能。通过详细的性能分析，确定需要升级的具体领域，以提高整体信息化水平和使用效率。这一过程不仅涉及技术层面的考量，还包括对职业教育资源的有效管理和应用能力的提升。通过科学的评估，乡村地区可以更好地识别信息基础设施的薄弱环节，从而有针对性地进行改进。这种评估方法也为未来的技术引进和设施更新提供了基础数据支持，确保每一步升级都能切实满足乡村振兴的需求。

在设施升级中，引入新技术和设备是提升职业教育资源管理和应用能力的有效途径。人工智能和大数据分析等先进技术的应用，可以大大提高信息基础设施的智能化水平，使职业教育资源的分配和使用更加精准和高效。这不仅提高了资源的利用率，也为乡村教育的质量提高提供了有力支持。在乡村振兴的过程中，技术的引入还需要结合当地的实际情况，确保新技术能够真正发挥作用，而不是流于形式。因此，技术引进的同时，也需要加强对相关人员的培训，以确保新技术的顺利实施和长期应用。

设施升级的顺利实施离不开充足的资金支持，制订设施升级的资金预算和来源计划是确保项目顺利推进的重要环节。合理的资金规划可以有效避免资源浪费，并确保每一笔资金都用在刀刃上。资金计划应明确各项支出的优先级，并结合乡村的实际财务状况，制订切实可行的资金筹措方案。此外，积极争取政府和社会的多方支持，通过多渠道融资，确保设施升级的财力保障。只有在资金充足的情况下，信息基础设施的升级与改造才能够顺利进行，为乡村振兴提供坚实的基础。

（四）维护人员培训与考核

为了提高维护人员的专业水平和实操能力，制订全面的培训计划显得尤为重要。该计划应涵盖信息技术基础知识、设备操作规范及故障排查技能等内容。通过系统的培训，维护人员能够熟练掌握信息基础设施的操作和维护技巧，确保在遇到问题时能够迅速响应并有效解决。培训计划的设计需要结合乡村的具体需求和信息化发展的趋势，以确保培训内容的实用性和前瞻性。

为了确保维护人员具备必要的技能和知识，定期组织考核与评估是必不可少的。考核应采用理论考试与实践操作相结合的方式，以全面检验维护人员的综合能力。理论考试可以帮助评估人员对信息技术基础知识的掌握程度，而实践操作则能测试其在实际操作中的表现和问题解决能力。这种多维度的评估方式，可以准确识别出人员的强项与不足，从而为后续的培训和提升提供依据，确保维护队伍的整体素质不断提高。

建立维护人员的继续教育机制是适应信息技术快速发展的必要手段。鼓励维护人员参加行业内的培训和研讨会，可以帮助他们了解最新的技术发展与维护方法。继续教育不仅可以提升个人的专业能力，还能促进整个团队的技术更新和知识积累。结合职业教育的特点，继续教育机制应灵活多样，既可以是线上课程，也可以是线下交流，确保每位维护人员都能根据自身需求进行学习和提升。

为了激励维护人员的工作积极性和责任感，设立有效的激励机制是必要的。绩效考核与奖励制度，可以激发维护人员的工作热情，增强其对信息基础设施维护工作的责任感。激励机制的设计应注重公平性和激励性，既要考虑到个人的努力和贡献，也要兼顾团队的整体表现。科学合理的激励措施，可以有效提高维护人员的工作效率，确保乡村信息基础设施的稳定运作和持续发展。

第二节 基于职业教育的乡村信息化平台构建

一、基于职业教育的乡村信息化平台技术架构

（一）技术选型与架构设计

1. 开发语言的选型

选择合适的开发语言与框架是平台高效运行的基础。对于乡村信息化平台，开发语言的选型应考虑性能、开发效率和社区支持等因素。常用的语言如 Java、Python 等，因其成熟的生态系统和广泛的应用场景，成为首选。此外，框架的选择也需考虑其扩展性和维护性，像 Spring、Django 等框架因其模块化设计和丰富的插件支持，能够满足不同功能的集成需求。通过合理的技术选型，平台在开发和维护过程中可以实现资源的最优配置，确保系统的稳定与高效。

2. 数据存储架构的设计

为了满足多样化的数据存储需求，通常采用关系型数据库与非关系型数据库相结合的方式。关系型数据库如 MySQL、PostgreSQL 等，适用于结构化数据的存储，提供了强大的查询能力和数据完整性支持。而非关系型数据库如 MongoDB、Cassandra 等，因其灵活的存储结构和高扩展性，适合存储非结构化数据和大数据量的场景。在平台设计中，合理利用两种数据库的优势，可以实现数据存储的高效性和灵活性，满足不同应用场景的需求。

3．系统安全架构的设计

用户认证机制应采用多因素认证，以提高账户安全性。数据加密方面，敏感信息在传输和存储过程中应使用SSL/TLS协议和AES等加密算法进行保护，防止数据泄露。访问控制则需基于角色的权限管理系统，确保用户只能访问其权限范围内的资源。此外，定期的安全审计和漏洞扫描也是维护平台安全的重要措施。通过完善的系统安全架构设计，平台可以有效抵御潜在的安全威胁，保障用户信息和数据的安全。

4．可扩展性与兼容性设计

在乡村信息化平台的技术架构中，可扩展性与兼容性是衡量系统设计优劣的重要指标。平台应采用模块化设计，确保新功能的集成不会影响现有系统的稳定性。微服务架构因其独立部署和扩展的优势，能够有效支持平台的功能扩展需求。此外，平台的兼容性设计需考虑与现有硬件、软件环境的适配，确保系统在不同环境下的稳定运行。通过合理的架构设计，平台不仅能够满足当前的应用需求，还能灵活应对未来技术的发展变化，保持持续的竞争力。

（二）数据库设计与优化

数据库设计应充分考虑乡村职业教育的实际需求，以确保数据表之间的关系清晰明了。这种设计不仅有助于数据的高效查询和管理，还能支持多样化的教育信息处理需求。在设计过程中，应综合考虑数据的类型、来源以及使用频率，确保数据结构的合理性与灵活性。这种设计策略有助于提高系统的整体效率和响应速度，满足乡村职业教育信息化发展的长远目标。

为了提高数据库的查询性能，采用合适的索引策略至关重要。索引的选择应基于对数据访问模式的深入分析，以确保在大数据量情况下，数据库依然能够快速响应用户请求。合适的索引策略不仅能显著提升查询速度，还能减少系统资源的消耗，从而提高系统的整体性能。在实际应用中，索引的设计应与数据的更新频率相协调，以避免因频繁更新而导致的性能下降。通过合理的索引管理，乡村信息化平台能够更好地支持职业教育的多样化应用。

在数据处理过程中，实施数据清洗与标准化流程是确保输入数据一致性与准确性的基础。数据清洗可以有效去除冗余和错误信息，标准化则确保数据格式的统一性，这些措施共同提升了数据分析的可靠性和有效性。对于乡村职业教育信息化平台而言，数据的准确性直接影响到教学管理和决策支持的质量。因此，建立完善的数据清洗和标准化机制是平台建设中不可或缺的一环，这将为数据驱动的教育创新提供坚实的基础。

（三）中间件与 API 集成

中间件的选择与集成策略是确保不同系统之间实现高效通信与数据交换的基础，这对于提升平台的整体响应能力至关重要。通过合理选择中间件，平台可以在不同的硬件和软件环境中实现无缝的连接，从而支持复杂的职业教育应用场景。同时，集成策略需要考虑到系统的可扩展性和灵活性，以便在乡村振兴的过程中，能够快速响应新的需求和挑战。

设计简洁、可扩展且安全的应用程序编程接口（Application Programming Interface，简称 API），不仅能够降低开发和维护的难度，还可以确保系统的稳定性和安全性。简洁性使接口易于理解和使用，降低了开发者的学习成本；可扩展性则为后续功能的添加和维护提供了便利；安全性则保护了系统的数据完整性和用户隐私。这些原则的结合，使信息化平台能够持续地满足职业教育资源动态变化的需求。

中间件在数据处理中的角色也不可忽视，它支持实时数据流的处理和分析，促进职业教育资源的动态更新与优化。在乡村振兴过程中，实时数据处理能力使教育资源的分配和管理更加高效，确保教育资源能够及时满足乡村发展的实际需求。通过中间件的支持，平台可以实现对海量数据的快速处理和智能分析，为决策提供有力支持，推动职业教育的创新和发展。

API 文档的完善与维护是确保开发者能够快速理解和使用 API 的关键。完整的 API 文档不仅提高了系统集成的效率和准确性，还能在开发过程中减少沟通成本和错误率。通过详细的文档，开发者可以更好地理解接口的功能和使用方法，从而加速开发进程，减少系统集成的时间。同时，完善的文档也为未来的系统维护和升级提供了可靠的参考，确保信息化平台能够持续支持乡村振兴的职业教育需求。

（四）技术文档与规范制定

在构建乡村信息化平台的过程中，技术文档与规范的制定是确保系统稳定运行和高效开发的基础。制定详细的技术文档模板是其中的关键步骤。此模板应涵盖系统架构、功能模块和技术规范的标准化描述，以确保文档的一致性和可读性。这不仅有助于各个开发团队在协作时保持统一的技术语言和理解，也为新加入的团队成员提供了清晰的指引。此外，标准化的技术文档模板可以作为后续开发和维护的蓝本，减少因文档不规范而导致的沟通障碍和开发错误。

为了保证技术文档与系统实际情况的一致性，建立版本控制机制是必不可少的。通过对技术文档进行定期更新和维护，确保文档内容与系统的实际情况保持同步。这种机制不仅有助于技术团队在开发过程中进行准确的参考和调整，也为后续的技术支持提供了可靠的依据。版本控制还可以追溯文档的历史变更，便于团队在出现问题时快速定位和解决。此外，定期的文档更新也能适应技术和市场环境的变化，保持信息化平台的前瞻性和竞争力。

在技术文档的审核流程中，明确责任人和审核标准是提高文档质量的保障。设定清晰的审核流程和标准，不仅能确保文档的准确性和完整性，也能提高团队的协作效率。责任人的明确分工使每个文档环节都有专人负责，从而减少疏漏和错误的发生。审核标准的制定则为文档的质量提供了衡量依据，确保每一份技术文档都能达到预期的专业水平。这种严谨的审核机制有助于在团队内部形成良好的文档编写习惯，提高整体工作效率。

为了提高信息化平台的使用效率和用户满意度，技术文档的用户指南制定也不可忽视。用户指南的目标是帮助非技术人员理解和使用文档内容，使他们能够更有效地参与信息化平台的使用和管理。通过通俗易懂的语言和详细的步骤说明，用户指南能够降低技术使用的门槛，提高用户的自主解决问题能力。此外，用户指南的存在也能减少技术支持的工作量，使技术团队可以将更多精力投入到系统的创新和优化中。通过这种方式，信息化平台的整体效能和用户体验都将得到显著提升。

二、基于职业教育的乡村信息化平台数据管理与安全

（一）数据备份与恢复机制

1. 制订定期数据备份计划

数据的安全性直接影响到信息化平台的稳定运行，因此制订定期数据备份

计划显得尤为重要。通过在预定的时间间隔内进行数据备份，可以有效降低因意外事件导致的数据丢失风险。职业教育在这一领域的作用体现在通过课程设置和实训环节，培养学生掌握数据备份的专业技能，确保他们能够胜任信息化平台的数据管理任务。

2. 建立多种备份存储方式

通过本地备份和云备份的结合，能够确保数据在不同环境中得到安全存储。这种方式不仅提高了数据的安全性，还增强了数据的可用性和恢复能力。职业教育通过引入国内外先进的备份技术案例，帮助学生理解和掌握多种备份存储方式的应用场景和技术细节，从而为乡村信息化平台的建设提供专业支持。

3. 实施数据恢复演练

定期测试数据恢复流程，不仅可以检验备份策略的合理性，还能帮助识别潜在问题，以便在实际发生数据丢失时能够迅速恢复。职业教育在这一过程中，通过模拟真实场景的演练，培养学生的实际操作能力和应急反应能力，确保他们在面对突发数据丢失事件时能够从容应对。

（二）数据访问权限控制

在乡村信息化平台的建设过程中，数据访问权限控制是确保平台安全的重要环节。建立基于角色的访问控制机制，可以确保不同用户群体如学生、教师和管理员根据其职责和权限访问相应的数据和功能。这种机制不仅能有效地保护敏感信息，还能提高平台的使用效率。角色的定义应当明确，并且与用户的实际职责紧密结合，以避免权限过大或过小导致的使用障碍。此外，角色的分配应遵循最小权限原则，以减少潜在的安全风险。

为了进一步增强用户登录过程的安全性，实施多因素身份验证是必不可少的。多因素身份验证通过结合密码、手机验证码、生物识别等多种验证方式，能够有效防止未经授权的访问和数据泄露。这一措施不仅能提升用户账户的安全性，还能在一定程度上提升用户对平台的信任度。特别是在职业教育平台中，涉及大量个人信息和教育资源的情况下，确保登录安全尤为重要。

随着组织结构的变化和人员的流动，定期审查和更新用户权限显得尤为重要。通过定期的权限审查，可以确保数据访问权限能够及时调整，避免权限过期导致的安全隐患。组织应建立一套完善的权限管理流程，确保每次人员变动后都能及时更新相应的权限设置。这不仅能维护数据的安全性，还能确保用户能够顺利地进行其职责范围内的操作。

（三）数据安全审计与监控

1. 建立定期的数据安全审计机制

通过对数据访问和操作记录进行系统化的审计，可以有效地识别潜在的安全漏洞和不当行为，从而保障数据的完整性和机密性。职业教育机构在培养信息技术人才时，应重视数据安全审计技能的培训，使其能够胜任乡村信息化平台的数据管理任务。这种方式不仅提高了数据管理的专业水平，也为乡村振兴的信息化发展奠定了坚实的基础。

2. 实施实时监控系统

实时监控能够及时检测异常数据访问行为，并迅速响应潜在的安全事件。这种动态的监控机制可以大幅度降低数据泄露的风险，提高平台整体的安全性。职业教育在此过程中扮演着重要角色，通过课程设置和实践训练，使学生掌握实时监控技术和安全响应能力，确保他们在未来的职业生涯中能够有效维护信息化平台的安全。此外，实时监控系统的实施也为乡村信息化平台的持续优化提供了重要的数据支持。

3. 制定数据安全审计报告标准

制定数据安全审计报告标准并定期生成审计报告，是评估数据安全管理有效性的重要环节。通过标准化的审计报告，管理者可以清晰地了解当前数据安全状况，并根据审计结果提出改进建议。这种系统化的评估机制有助于持续提高数据管理水平，确保信息化平台的安全运营。职业教育在培养学生时，应注重审计报告撰写能力的训练，使其能够在实际工作中有效地进行数据安全评估和改进建议的提出，从而推动乡村信息化建设的稳步发展。

4. 建立数据安全事件响应机制

在数据安全事件发生时，迅速识别、处理和报告是减少损失和恢复系统正常运行的关键。职业教育应在课程中融入应急响应策略的培训，使学生具备快速反应和处理安全事件的能力。通过这种方式，未来的职业人才能够在乡村信息化平台遇到安全挑战时，及时采取有效措施，保障平台的安全与稳定。这不仅提升了个人的职业竞争力，也为乡村振兴的信息化建设提供了可靠的人才保障。

三、基于职业教育的乡村信息化平台运营与维护

（一）内容更新与维护

1. 建立课程反馈机制

通过收集学员和教师的意见，教育机构可以及时调整课程设置和教学方法，以提高学习效果和满意度。反馈机制不仅能帮助识别教学中的不足，还能为课程的优化提供有价值的建议。学员作为课程的直接参与者，其反馈尤其重要，能够反映出课程的实际应用效果和学员的学习体验。教师的反馈则可以从教学实施的角度，提供关于课程内容和教学方法的专业见解。通过这种双向反馈，教育机构能够更好地满足学员的学习需求，并不断提高教学质量。

2. 引入新兴技术和教学工具

随着科技的快速发展，职业教育也必须与时俱进，采用最新的教学工具和技术手段。引入虚拟现实、人工智能等新兴技术，可以增强教学的互动性和趣味性，提高学生的学习积极性和效率。此外，在线教育平台的应用也为偏远乡村的学生提供了更多的学习机会，使他们能够随时随地获取最新的职业知识和技能资源。

3. 开展定期的行业调研

通过深入了解各行业的发展动态和技能要求，职业教育机构可以为课程的更新提供数据支持。行业调研不仅涉及对当前市场需求的分析，还包括对未来发展趋势的预测。通过调研，教育机构能够提前识别行业的变化方向，调整课程内容以满足未来的职业需求。这种前瞻性的课程设计能够帮助学生在职业生涯中保持竞争力，并为乡村振兴提供持续的人才支持。

4. 建立跨机构合作机制

促进职业院校与企业之间的信息交流与资源共享，可以实现教育与行业的

无缝对接。企业作为行业的实际参与者，能够提供第一手的市场信息和技能需求，而职业院校则可以根据这些信息调整课程设计和教学内容。跨机构合作不仅能够提高课程的实用性，还能为学生提供更多的实习和就业机会，增强他们的职业能力和竞争力。在乡村振兴的背景下，这种合作机制显得尤为重要，有助于推动乡村经济的发展和人才的培养。

（二）用户服务与支持

一个高效的用户服务体系不仅能够提升用户体验，还能促进平台的长远发展。为此，建立 24 小时在线客服系统显得尤为重要。通过该系统，用户可以在任何时间获得即时解答和技术支持，从而确保在使用平台过程中遇到的问题能够得到及时解决。这种全天候的支持机制不仅提升了用户的满意度，还增强了他们对平台的信任感，为平台的持续运营奠定了坚实的基础。

为了帮助用户更好地利用平台的功能，定期举办用户培训和研讨会是不可或缺的。这些活动不仅能够提高用户的使用技能，还能增强他们的学习效果和参与感。通过培训，用户能够更深入地了解平台的各种功能，从而在实际应用中更加得心应手。同时，研讨会提供了一个交流和分享的机会，使用户能够相互学习，拓宽视野。这种互动形式不仅丰富了用户的使用体验，也为平台的发展提供了宝贵的用户反馈和建议。

用户反馈渠道的设立是平台优化的重要环节。通过鼓励用户提出意见和建议，平台能够及时了解用户的需求和期望，从而进行相应的调整和改进。这种双向的沟通机制不仅提升了用户的参与感和满意度，也为平台的持续优化提供了方向和动力。用户的反馈是平台发展的重要资源，只有不断倾听和回应用户的声音，才能实现平台的持续改进和用户体验的提升。

此外，建立用户社群是促进学员、教师和行业专家之间互动与交流的有效途径。通过社群，用户可以分享学习经验，交流实践心得，甚至是进行跨学科的合作。这种互动不仅增强了学习氛围和知识分享，也为用户提供了一个展示和提升自我的平台。社群的建立不仅丰富了用户的学习体验，也为平台的发展注入了新的活力和动力。通过社群，用户可以在一个更广阔的视野中进行学习和交流，从而实现个人和平台的共同成长。

第三节　基于职业教育的乡村电商发展

一、基于职业教育的乡村电商物流体系建设

（一）物流网络规划与布局

1. 合理规划物流网络节点

通过合理规划物流网络节点，能够有效连接各个乡村与主要交通干线及城市市场，确保物流的畅通无阻。乡村地理特点多样，因而在规划过程中，需要充分考虑地形、交通条件及经济活动的分布，以实现资源的最优配置。通过职业教育的支持，培养出具备物流规划能力的人才，能够为乡村物流网络的科学布局提供智力支持。

2. 建立乡村电商物流合作机制

地方企业与物流公司之间的合作，不仅能够整合资源，还能通过经验的共享提升整体物流水平。职业教育在这一过程中发挥着重要作用，通过培养物流管理专业人才，促进地方企业与物流公司之间的有效合作。合作机制的建立，有助于形成一个高效、稳定的物流服务体系，为乡村电商的发展提供坚实的保障。

3. 利用信息技术

利用信息技术优化物流管理流程，是实现物流信息实时追踪与共享的基础。信息技术的应用，可以提高物流运作的透明度和响应速度，从而提升客户满意度。职业教育在信息技术人才的培养上具有独特优势，为乡村物流管理提供了充足的人力资源保障。信息技术的应用，不仅提高了物流管理的效率，也为乡村电商的发展注入了新的活力。

（二）物流基础设施建设

1. 考虑与主要交通干线的连接

乡村电商物流基础设施的建设应优先考虑与主要交通干线的连接，以确保物流运输的高效性和及时性。通过与交通干线的有效连接，乡村地区可以更好地融入全国乃至全球的物流网络，缩短货物运输时间，降低物流成本，从而提升电商产品的市场竞争力。这种连接不仅有助于提高物流效率，还能促进乡村经济的整体发展，为乡村振兴提供坚实的基础。

2. 建立乡村仓储设施

合理布局仓储设施，可以有效减少物流成本，促进电商业务的发展。乡村仓储设施的建设需要综合考虑当地的地理环境、交通条件和市场需求，以实现仓储资源的最优配置。同时，现代化的仓储设施还应具备智能化管理系统，能够实现对货物的高效管理和快速周转，进一步提高物流效率，为乡村电商的发展提供有力支持。

3. 推动乡村配送中心的建设

建设乡村配送中心，可以提高电商产品的配送速度和服务质量，满足消费者对快捷便利服务的需求。乡村配送中心的布局应充分考虑乡村居民的生活习惯和消费特点，以提供更加贴近用户的配送服务。此外，乡村配送中心还应与电商平台和物流企业紧密合作，形成高效的配送网络，提高物流服务的整体水平。

4. 利用信息技术提高物流管理系统的智能化水平

利用信息技术提高物流管理系统的智能化水平，是实现对物流流程的实时监控与数据分析的有效手段。通过信息技术的应用，可以增强物流服务的灵活性和适应性，提高物流系统的响应速度和服务质量。智能化物流管理系统能够实时跟踪货物运输状态，提供精准的物流信息，帮助企业及时调整物流策略，降低运营风险。同时，信息技术的应用还能够促进物流资源的整合与共享，提高物流系统的整体效率，为乡村电商的可持续发展奠定基础。

（三）物流配送效率提高

1. 优化配送路线规划

优化配送路线规划，利用大数据分析和智能算法，可以显著提高物流配送的效率和准确性。这种技术应用不仅减少了运输时间，还有效降低了物流成本，使乡村电商能够更具竞争力。现代信息技术的引入，使物流管理更加精细化和智能化，从而能够更好地适应乡村多变的地理和交通条件，确保物流配送的高效运作。

2. 引入智能化配送设备

为了进一步提高物流配送效率，引入智能化配送设备成为必要的手段。无人机和自动化配送车的应用，特别是在“最后一公里”配送中，极大地提高了效率。乡村地区的地理环境复杂，交通不便，传统配送方式往往无法满足电商快速配送的需求。智能化设备的使用，不仅提高了配送速度，还减少了人力成本，满足了乡村消费者对快速配送的期待，推动了乡村电商的持续发展。

3. 多元化的配送模式建设

建立自提、社区配送和合作社配送等多种模式，可以灵活应对不同乡村的物流需求，提高服务覆盖率。自提模式适合交通不便的偏远地区，社区配送则能在村镇中心区域实现集中配送，而合作社配送则充分发挥了乡村合作社的资源整合优势。这些模式的灵活组合，使乡村电商物流体系更具弹性和适应性，能够有效提升服务质量和消费者满意度。

4. 加强与当地物流企业的合作

加强与当地物流企业的合作，整合资源，是提升乡村电商物流服务整体能力的关键。与当地物流企业建立紧密合作关系，可以充分利用其在本地的网络和资源优势，提高物流服务的效率和质量。资源整合不仅能降低运营成本，还能确保货物及时、安全地送达消费者手中，提升消费者对乡村电商的信任度和忠诚度。这种合作模式的建立，不仅有助于乡村电商的发展，也能促进当地物流企业的成长，实现互利共赢的局面。

（四）物流信息化水平提高

1．建立智能物流管理系统

通过建立智能物流管理系统，乡村电商能够实现对物流全过程的实时监控。从而提升了物流信息的透明度，加快了响应速度，使物流服务能够更加灵活地应对市场需求的变化。在这一过程中，职业教育的支持作用尤为重要，它能够为乡村地区培养出具备信息化技能的人才，从而推动智能物流管理系统的有效实施。智能系统的应用还可以帮助企业及时发现和解决物流环节中的问题，降低因信息不对称而导致的风险。

2．利用大数据分析技术

通过对物流数据的深度挖掘与分析，企业可以更好地了解物流需求的变化趋势，从而制订出更加科学合理的运输计划。这不仅能够有效减少空载率，提高运输效率，降低物流成本，增强乡村电商的市场竞争力。职业教育在这一过程中提供了技术支持与人才保障，使乡村地区的物流企业能够充分利用大数据技术，提高整体运营水平。

3．推动物流信息平台的建设

通过构建统一的物流信息平台，各参与方可以实现信息的高效共享与协同，从而提高协作能力和服务质量。职业教育在此过程中可以通过培养信息技术人才，推动信息平台的开发与应用，促进物流企业之间的合作与联动。这种高效的信息共享机制不仅有助于提高物流服务的整体效率，还能为乡村电商的发展创造更加有利的环境。

4．引入物联网技术

引入物联网技术，实现对物流状态的实时追踪，是提升货物安全性和配送准确性的有效手段。物联网技术的应用能够为物流企业提供实时的货物状态信息，使企业能够及时调整配送计划，确保货物的安全与准确送达。这种技术的应用不仅提高了消费者的满意度，也增强了乡村电商的市场竞争力。职业教育通过培养物联网技术人才，支持乡村物流企业在技术应用上的创新与突破，为乡村电商的可持续发展提供坚实的技术保障。

二、基于职业教育的乡村电商服务平台搭建

（一）电商平台功能设计

电商平台功能设计是乡村电商发展的核心环节，直接关系到乡村商家的市场竞争力和可持续发展能力。电商平台应具备多样化的产品展示功能，这不仅是为了展示商品，更是为了帮助乡村商家更好地管理商品信息。通过允许乡村商家上传和管理商品信息，电商平台可以帮助他们吸引更多消费者，进而提升销售机会。这种功能设计需要考虑到乡村商家的实际需求，确保其操作的便捷性和高效性，从而在激烈的市场竞争中占据有利位置。

在支付系统的设计上，电商平台需提供便捷且安全的支付系统。这不仅包括支持多种支付方式，如银行卡支付、移动支付等，还需确保用户在购物过程中的支付安全与便利。支付系统的安全性是消费者选择电商平台的重要考量因素之一，因此，电商平台需在技术上不断更新和完善，以应对不断变化的网络安全威胁。同时，支付系统的便利性也直接影响消费者的购物体验，简化支付流程、缩短支付时间是提升用户满意度的有效途径。

建立用户评价与反馈机制是电商平台功能设计中不可或缺的一部分。通过让消费者对购买的商品和服务进行评价，电商平台可以为其他消费者提供参考，帮助他们作出更明智的购买决策。同时，商家可以通过用户反馈了解自身产品和服务的不足，从而进行改进。这种机制不仅有助于提高产品质量和服务水平，也在一定程度上促进了商家与消费者之间的互动，增强了用户黏性。

电商平台应设有培训模块，以支持乡村商家提升电商运营技能和市场营销能力。在线课程和资源的提供，可以帮助商家掌握最新的电商运营技术和市场营销策略，增强其市场竞争力。职业教育在此过程中扮演着重要角色，通过系统化的培训，乡村商家可以更好地适应电商环境的变化，抓住数字经济带来的机遇，实现自身的可持续发展。这样的培训模块不仅是对乡村商家能力的提升，也是对乡村振兴战略的有力支持。

（二）电商平台技术选型与开发

1. 良好的扩展性和维护性

在选择适合乡村电商平台的开发框架时，需要确保其具备良好的扩展性和

维护性，以适应未来业务需求的变化。这不仅涉及技术层面的考量，还需要结合乡村地区的实际情况，选择那些能够在有限的网络条件下高效运行的框架。此外，开发人员需具备职业教育背景，以便在技术选型过程中，能够综合考虑教育资源的整合与应用，提升乡村电商平台的整体效能。

2. 采用云计算技术

通过云计算，电商平台可以实现资源的动态分配，支持高并发的用户访问和交易需求。这对于乡村电商而言，尤为重要，因为在特定的促销活动或节假日期间，用户访问量往往会激增，传统的服务器架构可能难以应对。而云计算的引入，不仅可以降低硬件成本，还能提高系统的可靠性和灵活性，为乡村电商的可持续发展提供技术保障。

3. 响应式设计

乡村地区的用户可能使用多种设备访问电商平台，包括手机、平板和电脑。响应式设计能够自动调整页面布局和功能，适应不同屏幕尺寸，确保用户在任何设备上都能获得一致的体验。这种设计理念不仅提升了用户的使用便利性，还提高了乡村商家与消费者之间的互动效率，促进了乡村电商的普及和发展。

（三）电商平台运营与推广

为了有效提升乡村电商的知名度和用户参与度，制定市场推广策略显得尤为重要。通过线上线下结合的方式，不仅可以扩大乡村电商的影响力，还能吸引更多的消费者参与其中。线上推广可以通过建立强大的社交媒体存在，利用网络广告等数字营销手段来吸引潜在消费者。这种方式能够有效提高平台的用户流量和销售转化率，为乡村经济注入新的活力。线下推广则可以通过举办展销会等活动，让消费者与乡村特色产品有更直接的接触，从而增强购买欲望。

为了进一步增强电商平台的市场竞争力，与地方特色产品和农民合作社建立合作关系是必要的。乡村地区拥有丰富的特色产品资源，这些资源如果能够通过电商平台得到有效推广，将极大提升电商平台的吸引力和市场地位。通过与农民合作社的合作，电商平台可以确保产品供应的稳定性和品质，同时也能帮助农民实现增收。这种合作模式不仅有利于电商平台的发展，也能促进乡村经济的整体提升，形成双赢局面。

此外，定期举办线上促销活动和线下展销会，是提升用户购买欲望和参与感的有效方式。线上促销活动可以通过折扣、优惠券等多种形式，刺激用户的购买行为，增加电商平台的销售额。而线下展销会则能够为用户提供一个亲身体验产品的机会，增加他们对产品的信任感和购买意愿。这些活动不仅能够带动短期的销售增长，还能提高用户的忠诚度，促进乡村电商的持续发展。通过这些多元化的运营与推广策略，乡村电商平台能够在竞争激烈的市场中占据一席之地，为乡村振兴贡献力量。

（四）电商平台用户体验优化

1. 优化电商平台的界面设计

简洁直观的界面设计，能够确保用户在浏览商品时能够快速找到所需信息。这不仅提高了购物的便捷性和效率，还能有效减少用户在平台上的停留时间，提高转化率。此外，界面设计的优化还包括对色彩搭配、字体选择和导航栏布局的合理设计，以提升用户的视觉体验和操作舒适度。

2. 建立个性化推荐系统

通过分析用户的购买历史和浏览习惯，电商平台可以向用户推荐相关商品。这种个性化的推荐不仅能帮助用户发现更多感兴趣的商品，还能提高商品的曝光率和销售量。个性化推荐系统的成功实施需要依托大数据分析技术和机器学习算法的支持，以确保推荐的准确性和相关性，从而增强用户的购物体验，增加用户黏性。

3. 提供多渠道客户支持

用户在购物过程中难免会遇到各种问题，因此，电商平台需要提供全面的客户支持服务。包括在线客服、电话咨询和社交媒体互动在内的多渠道支持，能够确保用户在遇到问题时能够及时获得帮助。这不仅提高了用户的满意度，也增强了用户对平台的信任感。此外，客服人员的专业素养和服务态度也是影响用户体验的重要因素，平台应注重对客服团队的培训和管理。

三、基于职业教育的乡村电商品牌建设

（一）品牌定位策略

1. 明确品牌的目标受众

通过深入分析乡村消费者和电商从业者的需求，品牌方能够实现精准定位，从而提升品牌的市场认可度。在此过程中，职业教育的介入可以帮助品牌更好地理解市场动态和消费者心理，进而制定出更为有效的品牌策略。通过职业教育的培训，电商从业者可以掌握市场分析和消费者研究的技巧，进而为品牌定位提供科学依据。

2. 打造具有地方特色的品牌形象

结合乡村特色和文化打造具有地方特色的品牌形象，是增强消费者情感认同和品牌忠诚度的有效途径。乡村地区拥有丰富的文化资源和独特的地域特色，这些都是品牌建设过程中不可忽视的优势。职业教育可以通过课程设置和实践活动，帮助从业者挖掘和利用这些特色资源，打造出独具一格的品牌形象。这种策略不仅可以增强消费者的情感认同，还能在激烈的市场竞争中建立独特的品牌优势，吸引更多的忠实客户。

3. 制定清晰的品牌价值主张

职业教育在提升乡村电商技能和促进经济发展中发挥着重要作用，其价值主张应突出这一点。通过职业教育，乡村电商从业者能够掌握最新的电商技术和市场营销策略，从而提高产品和服务的质量。这种提高不仅可以增强品牌的市场竞争力，还能在消费者心中树立起专业可靠的品牌形象，进而推动乡村电商的可持续发展。

（二）品牌推广渠道

在现代信息化的推动下，乡村电商的发展成为振兴乡村经济的重要途径之一。品牌推广渠道的选择和运用在这一过程中显得尤为重要。利用社交媒体平

台进行品牌宣传，是当前乡村电商品牌建设的有效策略之一。通过内容营销，品牌可以创造有吸引力的故事和视觉内容，吸引潜在消费者的关注。此外，互动活动的开展，如线上问答、直播等，还能够提升品牌知名度，增强消费者对品牌的信任和认同感。这种直接而高效的沟通方式，使品牌能够快速响应市场变化和消费者需求。

与地方特色产品和农民合作社建立合作关系，是乡村电商品牌建设的另一重要途径。通过这种合作，品牌不仅能够获得优质的产品资源，还能借助地方特色，打造独具地域文化的品牌形象。这种与地方资源的深度结合，不仅提升了品牌的独特性和吸引力，也增强了品牌在市场中的竞争力。同时，这种合作模式还能够带动当地农民的经济收益，实现双赢的局面，进一步推动乡村经济的可持续发展。

线上线下结合的促销活动，是提高品牌市场曝光率和销售转化率的有效手段。在数字化时代，线上促销活动如限时折扣、优惠券发放等，可以快速吸引大量消费者的关注和参与。而线下活动，如品牌体验店、产品试用等，则能够让消费者直接接触和体验产品，增强购买意愿。通过线上线下的有机结合，品牌不仅能够扩大市场覆盖面，还能提高消费者的参与感和满意度，从而提升销售业绩。

参与地方展会和市集是提升品牌与消费者直接接触和互动的重要方式。这些活动为品牌提供了展示自身形象和产品的舞台，通过面对面的交流，品牌能够更好地传递自身价值和理念。同时，这些活动也为品牌收集市场反馈和消费者意见提供了机会，有助于品牌的持续改进和创新。通过这种直接的市场接触，品牌能够增强与消费者的情感连接，提升品牌的市场地位和影响力。

此外，建立品牌社区是增强品牌忠诚度和消费者归属感的重要策略。在社交网络时代，品牌社区为用户提供了一个分享使用体验和反馈的平台。通过社区，品牌能够倾听消费者的声音，了解他们的需求和期望，从而不断优化产品和服务。同时，社区也为用户之间的互动和交流提供了空间，增强了消费者的归属感和忠诚度。这种以用户为中心的品牌建设策略，有助于品牌在竞争激烈的市场中建立持久的客户关系和口碑。

四、基于职业教育的乡村电商营销策略

（一）目标市场分析

1．分析乡村电商目标市场的消费特征

在进行乡村电商营销策略的制定过程中，目标市场分析是一个至关重要的环节。深入分析乡村电商目标市场的消费特征，可以更好地了解乡村居民的购买习惯和偏好。这些信息有助于制定出更具针对性的营销策略，以满足乡村居民的实际需求。乡村居民的消费行为往往具有一定的地域性和文化性，了解这些特征可以帮助电商平台更好地设计产品和服务，提升用户体验和满意度。

2．识别乡村电商的潜在客户群体

乡村电商的主要客户群体包括农民、农村企业主以及外出务工人员。深入了解这些群体的需求和期望，可以帮助电商平台提供更有针对性的产品和服务。例如，农民可能更关注农业生产资料的采购，而农村企业主则可能更需要市场拓展和品牌推广方面的支持。通过精准定位客户群体，电商平台可以更有效地分配资源，达到更高的营销效果。

3．评估乡村电商市场的竞争环境

通过分析现有电商平台的优势与不足，可以为新平台的市场定位提供重要参考。了解竞争对手的市场策略、产品特色以及服务水平，有助于新平台在市场中找到自己的独特定位，并制定出差异化的竞争策略。此外，评估竞争环境还可以帮助识别市场中的空白点和增长机会，为平台的长远发展奠定基础。

4．研究乡村电商市场的地域特点

不同地区的经济发展水平和文化背景对消费行为有着显著的影响。研究这些地域特点，可以帮助电商平台更好地理解不同地区消费者的购买动机和决策过程。这样的分析不仅有助于制定更符合当地需求的营销策略，还可以帮助平台在不同地区实现更高的市场渗透率和客户忠诚度。

（二）营销组合策略制定

通过职业教育的支持，乡村电商能够更好地识别和把握目标市场的动态变化。精准的细分策略使电商平台可以识别不同消费者群体的需求特征，从而提供更具个性化的产品和服务。这不仅提高了客户满意度，也增强了市场竞争力。在职业教育的引导下，电商从业者能够更好地理解市场细分的理论和实践应用，确保策略的实施能够有效满足消费者的多样化需求。

结合乡村特色与文化，设计具有地方特色的营销活动是提升乡村电商品牌认知度和忠诚度的重要手段。通过职业教育的培训，电商从业者能够深入挖掘地方文化资源，构建具有文化内涵的品牌形象。这种策略不仅能够增强消费者的情感共鸣，还能在激烈的市场竞争中形成差异化优势。职业教育提供的文化理解和营销技巧培训，使乡村电商能够在品牌塑造过程中，充分体现地方特色，进而提升品牌的市场影响力。

数字营销工具的应用是现代乡村电商不可或缺的一部分。通过职业教育的支持，电商从业者可以更熟练地使用社交媒体和搜索引擎优化等数字工具，提高在线曝光率。职业教育课程中包含的数字营销知识，使从业者能够设计和实施更有效的在线营销策略，吸引更多的潜在客户。通过这些数字工具，乡村电商不仅能够扩大市场覆盖范围，还可以通过数据分析不断优化营销策略，增强整体营销效果。

多渠道营销推广策略的实施，能够有效提高乡村电商的销售转化率与品牌影响力。在线上线下活动的结合中，职业教育提供的综合营销知识和实践经验，使从业者能够设计出更具吸引力的消费者参与活动。这种策略不仅增强了消费者的参与感，还通过多样化的营销渠道，提高了品牌的市场渗透率。职业教育在这一过程中，扮演了重要的知识传递和技能培训的角色，确保了多渠道营销策略的成功实施。

（三）客户关系管理

1. 建立客户数据库

客户关系管理在乡村电商发展中具有重要作用，其核心在于通过职业教育的支持，提高乡村电商从业者的专业能力和服务水平。建立客户数据库是客户关系管理的基础，通过记录客户的基本信息、购买历史和偏好，电商从业者能够更好地理解客户需求。这种数据驱动的方法不仅能帮助商家进行个性化营销和服务，还能提高客户满意度和忠诚度。职业教育可以通过相关课程和培训，帮助乡村电商从业者掌握数据整理和分析的技能，从而更有效地管理客户关系。

2. 定期与客户沟通

通过职业教育的培训，乡村电商从业者能够掌握与客户有效沟通的技巧，了解客户的需求和反馈。这不仅有助于及时调整产品和服务，还能提升客户的购物体验。职业教育在此过程中扮演着重要角色，提供沟通技巧和客户服务的培训，帮助从业者建立良好的客户关系，进而提高客户满意度和忠诚度。

3. 实施客户忠诚度计划

通过学习，乡村电商从业者可以设计并实施更为有效的客户忠诚度计划，如积分、优惠和专属活动等，以吸引客户的持续消费。这些计划不仅能增强品牌的忠诚度，还能通过职业教育的培训，帮助从业者掌握策划和实施这些计划的技能，从而提升他们的市场竞争力和品牌影响力。

五、基于职业教育的乡村电商监管

（一）监管政策解读

乡村电商监管政策的基本框架与目标，旨在促进乡村电商的健康发展与规范运营。近年来，随着电子商务的快速发展，乡村电商作为连接城乡的桥梁，发挥着日益重要的作用。然而，乡村电商的发展也面临着诸多挑战，如市场秩序不规范、消费者权益保护不足等。因此，制定科学合理的监管政策显得尤为重要。这些政策不仅为乡村电商的发展提供了法律保障，还通过明确的管理框架，引导电商从业者遵循市场规则，促进其健康有序发展。政策的目标在于通过规范运营，保障市场的公平竞争，进而推动乡村经济的全面振兴。

乡村电商平台作为商品和服务的提供者，其合法合规的运营是保障消费者权益的重要前提。政策明确要求平台在注册时需提供真实、完整的信息，并在运营过程中遵循相关法律法规。这不仅包括对商品质量的严格把控，还涉及交易过程的透明化和售后服务的完善。通过这些措施，监管政策有效地维护了市场秩序，减少了消费者的潜在损失。此外，政策还鼓励平台建立自律机制，加强自身监管，提高服务质量，以赢得消费者的信任。

物流体系作为电商运营的重要环节，其效率直接影响到消费者的购物体验。为了提高乡村电商的物流效率，政策提出了物流配送的标准化和信息化建设的要求。标准化有助于提高物流操作的规范性，减少因操作不当导致的货物损坏或丢失。而信息化建设则通过现代技术手段，实现物流信息的实时跟踪与管理，提高了物流的透明度和效率。这些政策措施不仅降低了物流成本，还提升了乡村电商的整体服务能力。

乡村电商经营者的专业素养和市场竞争力是其能否在激烈的市场竞争中立足的关键。为此，监管政策特别强调对电商经营者的培训与指导。通过职业教育与培训，经营者不仅可以掌握最新的市场动态和技术知识，还能提升其市场分析和应对能力。这些培训措施不仅有助于提升经营者的个人能力，也为乡村电商的发展储备了大量的人才资源，推动了乡村经济的可持续发展。

（二）监管技术支持

1. 建立乡村电商监管平台

在乡村电商发展的背景下，监管技术支持显得尤为重要。建立一个高效的乡村电商监管平台，利用大数据和人工智能技术对电商交易活动进行实时监测，是确保交易透明性和合规性的重要手段。这些技术手段，可以有效地捕捉交易过程中的每一个环节，确保所有交易信息的公开透明，避免信息不对称导致的市场不公平现象。同时，实时监测还能够快速响应市场变化，为监管部门提供及时的数据支持，确保监管措施的有效实施。

2. 智能化监管工具的开发

数据分析技术，可以识别出异常的交易行为，并及时发出预警，从而有效地防范潜在的风险和违规行为。这种智能化的监管手段，不仅能够提高监管的准确性和及时性，还能减少人工监管的工作量，降低监管成本。智能化工具的应用，使监管工作更加精准和高效，为乡村电商的健康发展提供了有力的保障。

3. 区块链技术的实施

区块链技术的实施，为电商交易数据的安全性提供了新的保障。区块链技术确保了交易数据的不可篡改性和可追溯性，这不仅增强了消费者对乡村电商的信任，也为监管部门提供了可靠的数据依据。区块链技术的应用，可以有效地防止数据造假和篡改行为，确保交易的公正性和透明性，进而维护市场秩序，促进乡村电商的可持续发展。

4. 云计算技术的应用

云计算技术的应用，为电商数据的存储与管理提供了强有力的支持。构建高效的数据存储与管理系统，可以大幅提高数据处理效率，支持实时的监管与分析。这种技术手段，不仅能够快速处理海量的电商数据，还能为监管部门提供实时的分析报告，帮助其作出科学的监管决策。云计算技术的应用，是现代乡村电商监管体系中不可或缺的一部分。

5. 移动监管应用的建立

移动监管应用的建立，为监管人员在乡村现场进行即时检查和数据采集提供了便利。通过移动设备，监管人员可以随时随地获取最新的监管数据，提高了监管工作的灵活性和效率。这种移动化的监管方式，不仅能够快速响应现场的突发情况，还能提高监管工作的覆盖面和精准度，为乡村电商的健康发展提供了可靠的监管支持。

第五章　职业教育支持乡村振兴的评价体系构建

第一节　职业教育支持乡村振兴的评价指标

一、教育资源投入指标

（一）教育经费投入占比与增长趋势

教育经费投入占比在乡村教育整体预算中的比例，直接反映了政府对职业教育的重视程度。高比例的投入表明政府在政策层面对职业教育的支持力度，这对于乡村振兴具有重要的推动作用。教育经费的年度增长趋势可以揭示出职业教育发展的持续性与稳定性，如果增长趋势稳定且持续，说明政府和相关部门在长期规划中对职业教育的重视和支持，这种稳定性能够为乡村振兴提供持续的动力。

教育经费投入的地区差异性也值得关注。不同地区由于经济发展水平和政策导向的不同，职业教育经费的投入会有所差异。这种差异可能直接影响到乡村振兴的效果与速度。经济较为发达地区可能在职业教育上投入更多，从而在乡村振兴中取得更显著的成效。而经济欠发达地区则可能因投入不足而导致职业教育发展缓慢，进而影响乡村振兴的整体进程。因此，合理的资金分配和使用策略显得尤为重要。

对职业教育经费使用效率的评估是优化资源配置的重要手段。对资金使用效率的评估，可以发现投入与产出之间的关系，从而帮助决策者优化资源配置，确保每一笔经费都能发挥最大的效用。这不仅能够提高职业教育的质量，还能加速乡村振兴目标的实现。有效的资金使用策略能够在资源有限的情况下，最大化发挥职业教育对乡村振兴的支持作用，从而推动乡村经济和社会的全面发展。

（二）师资力量配备与结构合理性

1. 师资力量的数量与质量

师资力量的数量与质量直接影响着职业教育的教学效果和学生的就业能力，

因此在构建评价体系时，需对师资队伍的专业背景与培训情况进行全面评估。教师的专业背景不仅关系到其教学能力，还涉及对学生职业素养的培养。通过对师资力量的深入分析，可以更好地理解职业教育在乡村振兴中所扮演的角色，以及如何通过优化师资配置来提高教育质量和学生的就业竞争力。

2. 师资结构的多样性

合理配置技术型、理论型和管理型教师，能够有效满足不同职业教育课程的需求。这种多样性的师资结构有助于学生在学习过程中获得全面的知识和技能，进而提高他们在就业市场中的适应能力。职业教育课程的多样性要求教师具备不同的专业能力，以适应不断变化的职业需求。因此，在评价体系中，需重视师资结构的合理性，以确保职业教育能够为乡村振兴提供有力支持。

3. 师资的继续教育与职业发展支持机制

通过持续的专业发展和教育培训，教师能够不断更新知识和技能，从而提高教育质量并实现乡村振兴的目标。继续教育不仅有助于教师个人的职业发展，还能为教育机构带来新的教学理念和方法。这种机制的建立与实施，是评价职业教育支持乡村振兴成效的重要内容，能够直接影响教师的教学效果和学生的学习成果。

4. 师资流动性与稳定性

师资流动性与稳定性对乡村职业教育的可持续发展具有重要影响。高流动性可能导致教学质量的不稳定，而稳定的师资队伍则有助于创造良好的教育环境。因此，需关注教师留任率及其对教育环境的影响，以确保职业教育的持续性和有效性。对师资流动性和稳定性的评估，能够识别出影响教师留任的因素，从而采取相应措施，保障职业教育的稳定发展，为乡村振兴提供持续支持。

（三）教学设施完善程度与现代化水平

1. 教学设施的数量与分布

职业教育的可及性直接受到教学设施的影响，因而评估各乡村学校的职业教育设施建设情况与布局合理性显得尤为重要。合理的设施分布不仅能够满足学生的学习需求，还能有效地缩短学生的通勤时间，提高学习效率。这一过程需要综合考虑各地区的地理条件、人口分布以及经济发展水平，以确保职业教育资源的公平分配和有效利用。

2. 现代化教学设备的配置水平

多媒体教室、实验室和实训基地的建设，不仅增强了教学的实践性，还提高了技术应用能力。现代化设备的引入，使教学内容更为生动直观，学生能够在实践中更好地理解和掌握所学技能。此外，实训基地的建设还为学生提供了一个接触真实工作环境的机会，为其未来的职业发展奠定了坚实基础。因此，评估这些设备的配置水平是职业教育评价体系中的重要环节。

3. 信息化教学资源的丰富程度

在线课程、虚拟实训平台等信息化资源的引入，极大地促进了学生的自主学习与技能提升。通过这些平台，学生可以在课外时间进行自主学习，进一步巩固课堂所学知识，培养自主学习能力。此外，信息化资源的多样性和灵活性，也为不同学习风格和需求的学生提供了个性化的学习路径，增强了职业教育的吸引力。

4. 教学环境的安全性与舒适度

良好的教学环境不仅能够提高学生的学习效率，还能激发其学习兴趣。因此，设施的维护与改进情况需要得到持续关注。定期的维护和更新，可以延长设施的使用寿命，确保其安全性和舒适度，为师生创造一个良好的教学和学习氛围。对教学环境的全面评估，可以有效提高职业教育的整体质量。

二、人才培养质量指标

（一）学生毕业就业率与就业质量

1. 就业率

高就业率不仅表明职业教育在培养学生职业能力方面的成功，也反映了其与地方经济需求的高度匹配。通过分析不同地区和行业的就业率，可以识别职业教育在支持地方经济发展中的关键作用。就业率的提升有助于增强乡村地区的人力资源储备，推动当地经济的可持续发展。同时，就业率还可以作为评估职业教育政策有效性的依据，为政策调整提供数据支持。

2. 就业质量

就业质量不仅体现在薪资水平的高低，更包括职业发展前景和工作满意度。这些因素综合反映了职业教育的实际成效和社会认可度。高就业质量的毕业生意味着职业教育课程设置的合理性和教学方法的有效性，有助于吸引更多学生选择职业教育路径。就业质量的提高也为乡村振兴提供了稳定的社会基础，增强了乡村地区的吸引力和竞争力。

（二）技能竞赛获奖情况与水平

技能竞赛获奖情况与水平不仅是衡量学生在专业技能方面实际水平和综合素质的直接体现，也是职业教育培养效果的具体表现。通过技能竞赛，学生能够将所学理论知识应用于实际操作中，展现出对专业技能的掌握程度。这种实践能力的展示，不仅增强了学生的自信心，也为职业教育的教学质量提供了直观的证明。技能竞赛的成绩因此成为衡量职业院校教育质量的重要指标之一。

获奖情况的统计与分析对于职业院校来说，具有指导性的作用。通过对技能竞赛获奖情况的分析，院校能够识别出教学中的优势与不足，从而调整课程设置和教学方法。这种数据驱动的反馈机制，能够为教学改革提供科学依据，促进教育质量的持续提高。此外，分析获奖情况还能够帮助院校了解学生在不同技能领域的表现，进而优化资源配置，提高整体教学水平，最终为乡村振兴提供更为优质的人才支持。

参与技能竞赛的频率与学生的积极性密切相关。高参与度通常与更高的技能水平和就业竞争力相对应。学生在竞赛中积累的经验和取得的成绩，提升了其个人的职业素养，增强了其在就业市场中的竞争力。职业院校通过鼓励学生参与技能竞赛，不仅激发了学生的学习热情，也为其未来的职业发展奠定了坚实的基础。这种积极的循环，最终将助力于乡村振兴中人力资源的优化和提升。

技能竞赛的组织与支持程度，反映了职业教育机构对学生实践能力培养的重视程度。职业院校通过积极组织和支持各类技能竞赛，能够有效提升学生的实践动手能力和创新能力。这种重视实践能力培养的教育理念，不仅在短期内提高了学生的技能水平，也对长期的职业发展产生了积极影响。

（三）用人单位对毕业生满意度评价

用人单位对毕业生满意度的评价是衡量职业教育成效的重要指标之一。这一评价不仅反映了毕业生在工作岗位上的表现，也直接影响到职业教育机构的声誉和未来招生情况。用人单位的反馈主要集中在毕业生的专业技能、适应能力、团队协作能力、职业素养以及后续培训需求等方面。通过对这些方面的分析，可以深入了解职业教育在培养学生实践能力和综合素质方面的有效性，以及其在支持乡村振兴中的具体贡献。

用人单位对毕业生专业技能掌握程度的评价，直接反映了职业教育在实践能力培养方面的有效性。职业教育的核心目标之一是培养学生具备扎实的专业技能，以满足用人单位的实际需求。因此，用人单位对毕业生专业技能的评价，不仅可以作为职业教育质量的重要衡量标准，也为教育机构调整课程设置和教学方法提供了宝贵的反馈。通过这种反馈机制，职业教育可以不断优化其课程体系，确保培养出符合市场需求的人才，从而更好地服务于乡村振兴的战略目标。

用人单位对毕业生适应能力和团队协作能力的满意度，是影响企业对职业教育人才认可程度的关键因素。适应能力和团队协作能力是现代职场中不可或缺的软技能，尤其在乡村振兴的背景下，毕业生往往需要面对多变的工作环境和复杂的社会关系。用人单位的满意度调查可以揭示职业教育在这些方面的培养效果，帮助教育机构识别其在软技能培养方面的优势和不足。通过加强对这些能力的培养，职业教育可以提高毕业生的就业竞争力，增强其在乡村振兴中的作用。

用人单位对毕业生职业素养和工作态度的反馈，直接关系到职业教育对学生综合素质的培养效果。职业素养和工作态度不仅影响个人的职业发展，也对企业的工作氛围和团队绩效产生重要影响。在乡村振兴的背景下，培养具有良好职业素养和积极工作态度的人才，是职业教育的重要任务。用人单位的反馈能够帮助教育机构了解学生在这些方面的表现，并采取相应的改进措施，以培养出更符合社会和行业需求的高素质人才。

用人单位对毕业生后续培训需求和再教育意愿的评估，能够揭示职业教育与行业发展之间的契合度。随着科技进步和产业升级，用人单位对员工的知识更新和技能提升有着持续的需求。通过评估毕业生的后续培训需求，职业教育可以识别出行业发展的趋势和变化，并据此调整其教育内容和培训模式。这不仅有助于提升毕业生的职业发展潜力，也能增强职业教育在支持乡村振兴中的灵活性和适应性。

三、创新与研发能力指标

（一）科研项目立项数量与经费支持

科研项目立项数量与经费支持是衡量职业教育在乡村振兴中创新与研发能力的重要指标。其一，科研项目立项数量的统计能够反映职业教育机构在乡村振兴领域的研究活跃程度，这不仅有助于揭示教育机构在相关领域的参与度，也促进了教育理论与实践的结合。系统分析这些项目的立项数量，可以更好地理解职业教育如何响应国家乡村振兴战略的需求，进而推动教育教学改革和创新。

其二，科研项目获得的经费支持情况直接影响职业教育的创新能力和研究成果的转化效率。充足的经费支持能够为研究提供必要的资源和条件，从而提高研究的质量和深度。经费的分配和使用情况也反映了职业教育机构在乡村振兴中的战略重点和发展方向。对经费支持情况的分析，可以评估职业教育在乡村振兴中所发挥的实际作用，进而优化资源配置，提高研究效率。

其三，科研项目的多样性，包括农业技术、职业技能培训等不同领域，能够满足乡村振兴的多元需求，推动相关产业的发展。多样化的科研项目不仅丰富了职业教育的研究内容，也增强了其服务乡村振兴的能力。通过开展涉及农业、环境、信息技术等多领域的研究，职业教育能够为乡村提供全面的技术支持和人才培养方案，助力乡村经济社会的全面发展。

（二）科研成果转化与应用效果

科研成果转化与应用效果是评价职业教育支持乡村振兴的重要指标之一。职业教育机构通过科研成果的转化，能够在乡村振兴中发挥显著作用。例如，通过引入新技术或方法，职业教育可以有效提高农业生产效率，增加乡村居民收入。这不仅体现了职业教育的社会价值，也为乡村经济发展注入了新的活力。科研成果的成功转化，不仅是技术的应用，更是对乡村居民生活质量的直接改善。通过职业教育的支持，乡村居民能够更好地掌握新技术，提高生产效能，从而实现可持续的经济增长。

科研成果在政策制定中的应用效果同样值得关注。职业教育研究成果为地方政府提供了重要的决策支持，促进了乡村振兴政策的有效实施。通过系统的研究和分析，职业教育机构能够提出切实可行的建议，为政策制定提供科学依据。这种支持不仅体现在政策的制定过程中，也在政策实施后期的评估和调整中发挥作用。职业教育的研究成果帮助地方政府更好地理解乡村振兴的需求和挑战，制定出更加符合实际的政策措施，从而提高政策的执行效率。

此外，科研成果的推广与普及程度也是衡量职业教育支持乡村振兴的重要方面。职业教育机构在乡村地区开展的宣传和培训活动，直接影响到居民对新技术和方法的接受度与应用能力。通过有效的宣传和培训，职业教育机构能够提升乡村居民对新技术的认知，增强他们的应用能力。

（三）知识产权申请与授权情况

职业教育机构在知识产权申请中的数量和种类，不仅反映了其在技术创新方面的活跃程度，也展示了其在不同领域的研发实力。知识产权的申请过程复杂且严谨，涉及技术创新的各个环节，因此，申请数量的多寡和种类的丰富性，能够直接体现职业教育机构在创新链条上的综合能力。这些申请包括专利，以及商标和著作权等多种形式，全面展示了机构在知识产权领域的布局和战略。

知识产权的授权情况，尤其是专利、商标和著作权的获得，直接影响到职业教育成果的保护和市场应用。获得授权意味着职业教育机构的创新成果得到了法律的认可和保护，从而为其在市场中的应用和推广奠定了基础。授权的知识产权不仅能够为机构带来直接的经济收益，同时也提升了其在行业中的声誉和影响力。这种授权情况的好坏，直接关系到职业教育机构在技术市场中的竞争力和可持续发展能力。

职业教育机构对知识产权的重视程度以及相关培训和宣传活动的开展，是提升师生知识产权意识的重要途径。通过系统的知识产权教育和宣传，职业教育机构可以有效提高师生对知识产权的认识，增强其在创新活动中的法律保护意识。这种意识的提升，不仅有助于保护个人和集体的创新成果，也促进了全体师生对技术创新的积极参与和支持。知识产权意识的普及，是推动职业教育机构整体创新能力提升的重要保障。

知识产权申请的成功率和转化率，是评估职业教育在推动技术创新和成果转化方面实际成效的关键指标。高成功率的申请意味着职业教育机构在创新项目的选择和申请质量上具备较高的水平，而高转化率则显示出其在将创新成果应用于实际生产和市场的能力。对这些指标的分析，可以全面了解职业教育机构在创新链条上的各个环节的表现，从而为其未来的发展提供科学的指导和建议。这些指标不仅是对过去成绩的检验，更是对未来创新方向的指引。

第二节　职业教育支持乡村振兴的评价方法

一、职业教育支持乡村振兴的定性评价方法

（一）深度访谈与案例分析

深度访谈与案例分析在职业教育支持乡村振兴的定性评价中扮演着关键角色。通过深度访谈，研究者能够获取来自职业教育工作者、学生及乡村居民的第一手经验和反馈。这种方法不仅能揭示职业教育在乡村振兴中的实际影响和作用，还能帮助研究者理解不同利益相关者的观点和期望。深度访谈的优势在于其灵活性和深入性，能够捕捉到定量研究难以发现的细节与情感因素。此外，案例分析作为一种补充方法，通过具体的实例展示职业教育在不同乡村背景下的实施效果，帮助识别成功经验和潜在问题。这种方法的结合使用，有助于全面评估职业教育对乡村振兴的支持作用，提供更具实用价值的政策建议和改进路径。

（二）专家评审与意见征集

在职业教育支持乡村振兴的过程中，专家评审与意见征集作为定性评价方法的核心组成部分，发挥着不可替代的作用。专家评审应专注于职业教育在乡村振兴中的具体实施效果，尤其是其对提升乡村居民技能和就业能力的贡献。这一过程不仅需要专家对职业教育项目的整体规划和执行情况进行深入分析，还需细致评估其在实际应用中的有效性和可持续性。通过这种评审，能够识别出当前职业教育项目在乡村振兴中的优势和不足，为后续政策调整提供科学依据。

与此同时，意见征集作为补充性评价手段，可以从地方政府、企业和教育机构等多方角度收集对职业教育政策和实践的反馈。多方意见的汇集，能够全面了解职业教育在不同层面、不同主体中的实施效果和接受度。这种反馈机制

不仅有助于优化现有的职业教育措施，还能为未来政策的制定提供实证支持。意见征集的广泛性和多样性确保了评价结果的全面性和客观性，从而为职业教育的持续改进奠定基础。

专家评审还应关注职业教育课程设置的适应性，评估其是否符合乡村经济和社会发展的实际需求。这一评审过程需要结合乡村地区的经济发展水平、产业结构和劳动力市场需求，确保职业教育课程能够有效提升学员的就业能力和职业素养。对课程设置的系统性评估，能够识别出当前课程体系中的不足之处，并提出切实可行的改进建议，以增强职业教育的针对性和实效性。

此外，意见征集应包括对职业教育师资力量和教学质量的评价，旨在识别提升教育效果的潜在改进方向。高质量的师资和教学是职业教育成功的关键因素，收集来自学生、家长和行业专家的反馈，能够全面了解当前教学实践中的优劣势。对师资力量的评价不仅包括教师的专业水平和教学能力，还涉及其在乡村教育环境中的适应性和创新性。这种系统化的意见征集，能够为职业教育的师资培训和教学改革提供有力支持，推动乡村振兴目标的实现。

（三）文本分析与内容解读

对政策文件的文本分析，可以揭示职业教育政策中关于乡村振兴的战略目标和实施路径。这种分析有助于理解政策制定的背景和意图，明确政策的核心方向和具体措施。政策文件通常包含丰富的战略信息，通过深入解读这些文本，可以识别出政策制定者对于乡村发展的期望和规划。此外，文本分析还能帮助识别政策文件中隐含的价值观和优先事项，为后续的政策实施和调整提供依据。

分析职业教育相关教材和课程设置，可以评估其对乡村居民技能提升的针对性与有效性。教材和课程是职业教育的核心载体，其内容直接影响到学员所获得的知识和技能。对这些内容的深入解读，可以判断职业教育在多大程度上满足了乡村居民的实际需求以及其在促进乡村经济发展中的潜力。特别是在快速发展的现代社会，课程内容的更新速度和适应性是衡量职业教育质量的重要指标。

文本分析还可扩展至职业教育机构的年度报告和评估材料，以量化职业教育对乡村振兴贡献的具体数据和成果。年度报告通常包含机构的运营数据、项目进展和成效评估，对这些材料的分析，可以获取职业教育在支持乡村振兴方面的具体成就和不足。这种量化分析不仅有助于总结经验、发现问题，还为政策调整和资源配置提供了实证依据。此外，对这些材料的分析，还可以识别出职业教育在乡村振兴中的创新实践和成功案例。

对政策宣传材料的内容解读，可以评估职业教育在乡村振兴中的社会认知度及其对居民参与的影响。政策宣传材料是职业教育与社会公众沟通的重要桥梁，其内容和传播效果直接影响到政策的社会接受度和实施效果。分析这些材料，可以了解职业教育在乡村振兴中的形象和地位以及其在多大程度上激发了乡村居民的参与热情和积极性。这种分析有助于提高政策宣传的针对性和有效性，从而增强职业教育对乡村振兴的支持力度。

（四）实地观察与经验总结

1. 考察职业教育机构在乡村的运作

实地观察与经验总结是一种重要的定性评价方法，能够深入了解职业教育在乡村振兴中的实际运作情况。通过实地观察，可以详细考察职业教育机构在乡村的运作，包括课程设置、教学方法和师资配置。这些因素直接影响乡村学生的技能提升，观察其变化可以评估教育项目的有效性。例如，课程设置是否符合乡村经济发展的需求，教学方法是否能够激发学生的学习兴趣，师资力量是否足以支撑高质量的教育。这些观察结果为职业教育在乡村的实施提供了重要的反馈。

2. 记录乡村居民在参与职业教育培训后的变化

详细记录参与者的就业状况、收入水平和技能掌握情况，可以分析职业教育对其生活质量的改善效果。就业状况的改善直接反映了职业教育在提升就业能力方面的成效；收入水平的变化则可以作为职业教育对经济状况改善的指标；而技能掌握情况的提升显示了教育内容的实用性和有效性。这些数据不仅为职业教育的评估提供了实证支持，也为政策制定者提供了有价值的参考。

3. 观察职业教育与地方企业的合作模式

职业教育与地方企业的合作模式能否促进乡村经济发展，取决于其在技术转移和产业升级中的实际效果。通过观察，可以评估合作的有效性和可持续性，分析其对乡村经济发展的贡献程度。合作的成功不仅依赖教育机构和企业的协同努力，还需考虑到乡村经济的特殊性和需求。这些观察结果为后续合作模式的优化提供了依据。

4．总结职业教育在乡村振兴中的成功经验与挑战

总结职业教育在乡村振兴中的成功经验与挑战，并提出改进建议，是实地观察与经验总结的最终目标。这一过程不仅帮助识别职业教育在乡村振兴中的实际效果，还能揭示存在的不足。总结成功的经验有助于教育模式和政策的有效推广；而对挑战的分析则有助于制定有针对性的改进措施。这些总结和建议为后续的职业教育政策制定和实施提供了重要的参考依据，确保职业教育在乡村振兴中发挥更大的作用。

二、职业教育支持乡村振兴的定量评价方法

（一）问卷调查与数据分析

在职业教育支持乡村振兴的定量评价方法中，问卷调查与数据分析是关键步骤之一。设计问卷调查的目标与对象是确保数据的有效性和针对性。明确需要收集的数据类型，包括受访者的基本信息、职业教育参与情况、技能提升感受等，是设计问卷的核心。这些信息不仅帮助研究者了解职业教育对乡村居民的直接影响，还能为后续的分析提供基础数据。通过科学设计问卷，研究者能够捕捉到职业教育在乡村振兴中的具体作用，为评价体系的构建奠定坚实的基础。

采用多种问卷形式，如线上调查和纸质问卷，以提高受访者的参与率是问卷调查成功的关键。确保样本的多样性和代表性，涵盖不同年龄、性别和职业背景的乡村居民，能够提供更全面的视角，反映职业教育对不同群体的影响。多样化的问卷形式不仅能增加数据的准确性，还能提高调查的覆盖面，使调查结果更具普遍性和说服力。这种方法能够有效弥补单一调查形式可能带来的偏差，为职业教育效果的全面评估提供可靠的数据支持。

对收集到的数据进行统计分析是揭示职业教育对乡村居民技能提升和就业状况具体影响的重要步骤。使用描述性统计方法，如均值和标准差，可以概括数据的基本特征；而推断性统计方法，如相关性分析和回归分析，则能揭示不同变量之间的关系。这些分析方法帮助研究者从数据中提取出有意义的信息，识别职业教育在乡村振兴中的作用机制。通过精确的数据分析，研究者能够为职业教育政策的优化和改进提供科学依据。

根据数据分析结果，形成可视化报告是将研究成果转化为实际应用的重要环节。利用图表和数据展示职业教育的效果，不仅使结果更易于理解，也为后续政策制定和职业教育改进提供了直观的参考。可视化报告可以直观地呈现职业教育在乡村振兴中的贡献，帮助决策者识别需要改进的领域，制定更具针对性的政策措施。这种数据驱动的决策过程将有助于提高职业教育的有效性，推动乡村振兴战略的全面实施。

（二）绩效评估与模型构建

构建一个科学合理的绩效评估模型，需要明确各项指标的权重分配。这不仅涉及对职业教育在乡村振兴中具体贡献的识别，还要求对这些贡献进行量化分析，以确保综合评价的科学性和合理性。对指标的精确设定与权重分配，可以有效地反映出职业教育在乡村经济发展、社会进步及文化传承等方面的实际贡献，为政策制定者提供有力的决策依据。

为了确保绩效评估结果的可比性和可靠性，设计标准化的数据收集和分析流程是必不可少的。这一流程的设计应当考虑到不同地区和时间段的特性，以便进行横向对比和纵向分析。标准化流程的建立不仅有助于提高数据的准确性和一致性，还能提高评估的效率。对收集到的数据进行系统化的分析，可以揭示出职业教育在不同地域和时间背景下的作用差异，为进一步优化职业教育政策提供数据支持。

结合定量与定性评价方法，是提升评价结果全面性和深度的有效途径。综合运用统计分析与专家评审，可以多维度地反映职业教育的实际效果。定量评价通过数据分析呈现出职业教育对乡村振兴的具体贡献，而定性评价则通过专家的专业视角，深入探讨职业教育实施中的细节问题。两者的结合不仅能提供更为全面的评价结果，还能为职业教育的改进和优化提供科学依据。

三、职业教育支持乡村振兴的第三方评价方法

（一）独立评估机构评价

独立评估机构通过对职业教育项目的实施效果进行系统性评估，并提供客观的数据和分析，确保评估结果的公正性和可信度。在职业教育与乡村振兴的交会点上，独立评估机构的介入为政策制定者和执行者提供了一个可靠的反馈

机制。评估的独立性不仅保障了数据的真实性，还为职业教育项目的持续改进提供了科学依据。这种评估方法的核心在于通过第三方的视角，审视职业教育在乡村振兴中的实际贡献，确保政策的有效性和可持续性。

评估机构在开展独立评估时，应制定科学的评价标准和指标体系。这些标准和指标需要涵盖职业教育对乡村振兴的各个方面，确保评价的全面性和系统性。职业教育不仅涉及技能培训，还包括对乡村经济、社会和文化的综合影响。因此，评估标准应当细化至这些领域的具体表现，以便全面反映职业教育的多维度贡献。科学的指标体系能够帮助评估机构识别职业教育项目中的优势和不足，为政策调整和项目优化提供数据支持。这种全面的评估方法，能够更好地指导职业教育资源的配置和使用，助力乡村振兴目标的实现。

在评估过程中，独立评估机构可通过多方位的数据收集和分析方法，确保对职业教育影响的定量与定性评价相结合。定量评价通常包括对职业教育项目参与人数、就业率提升、经济效益增长等指标的量化分析，而定性评价则关注教育质量、学员满意度、社区发展等方面的质性描述。通过结合这两种评价方法，评估机构能够提供更为深刻和准确的分析结果。这种综合性评价不仅能够揭示职业教育对乡村振兴的直接影响，还能反映其间接效应，为政策制定者提供更为全面的决策依据。

评估机构应定期发布评估报告，向相关利益方提供反馈和建议，以促进职业教育政策的优化与实施效果的增强。这些报告不仅是对过去工作的总结，更是未来改进的重要参考。通过详细的数据分析和明确的建议，评估报告能够帮助政策制定者识别职业教育项目中的成功经验和不足，从而调整政策方向，优化资源配置。此外，定期的评估报告还可以增强利益相关方对职业教育项目的信任和支持，形成良性互动的政策环境，为乡村振兴创造更加有利的条件。

（二）同行评审法

同行评审法是一种通过邀请教育领域专家对职业教育项目进行评估的方法，旨在确保评价过程的专业性和权威性。该方法的核心在于利用专家的专业知识和经验，对职业教育项目的各个方面进行全面的审视和分析。通过这种评审，能够有效识别项目中的优势与不足，从而为职业教育的改进提供科学依据。这种方法不仅强调评审的客观性和公正性，还注重评审结果的可操作性，为职业教育的持续发展提供了坚实的基础。

评审专家应具备丰富的实践经验和扎实的学术背景，以便能够提供有针对性的反馈和改进建议。专家的多元背景和丰富经验有助于从不同角度审视职业教育项目，提出建设性意见，提高教育质量。尤其是在职业教育支持乡村振兴的背景下，专家的反馈能够有效指导教育项目的调整与完善，使其更好地适应乡村发展的实际需求和目标。

同行评审法不仅有助于提升单个职业教育项目的质量，还能够促进职业教育机构之间的相互学习与交流。通过评审，教育机构可以借鉴其他项目的成功经验和创新做法，推动自身教育模式和教学方法的改进。这种交流与学习的过程，有助于形成良好的教育生态，推动职业教育整体水平的提高，从而更好地服务于乡村振兴的战略目标。

此外，同行评审法通过建立定期的评审机制，对职业教育项目的实施效果进行跟踪和评估，确保其持续符合乡村振兴的需求和目标。定期评审不仅能够及时发现和解决项目实施中的问题，还能为项目的长期发展提供方向指引。通过不断的评估和调整，职业教育项目能够更好地融入乡村振兴的整体战略，发挥其应有的支持作用，实现教育与乡村发展的双赢。

（三）媒体与公众监督

媒体与公众监督在职业教育支持乡村振兴中的作用不可忽视。媒体通过对职业教育政策实施效果的报道与分析，能够有效提升公众对职业教育在乡村振兴中所发挥作用的认知和关注度。媒体不仅是信息的传播者，更是政策效果的评估者。通过深入的分析报道，媒体能够揭示职业教育在乡村振兴过程中取得的成就和存在的不足，从而为政策的调整和优化提供依据。这种监督机制不仅增加了政策实施的透明度，也为公众提供了一个了解和参与职业教育发展的窗口。

公众通过社交媒体平台对职业教育项目进行评价，形成了一种广泛的舆论监督机制。这种监督不仅能够促进教育机构的透明度和责任感，还能激发公众参与的热情和兴趣。社交媒体的互动性使公众可以实时表达对职业教育项目的看法和建议，形成一个开放的讨论空间。这种方式不仅有助于提高教育项目的透明度，还能为教育机构提供有价值的反馈，帮助其更好地满足乡村地区的教育需求。

媒体在职业教育领域的调查报道具有重要的推动作用。通过对政策落实过程中问题与不足的揭示，媒体能够促使相关部门及时采取改进措施。这种调查报道不仅是对现状的反映，更是对未来改进的推动。通过客观、公正的报道，媒体能够引导社会各界关注职业教育在乡村振兴中的实际效果，从而促进政策的不断完善和优化。这种监督机制对于提高职业教育的质量和效益具有重要意义。

组织公众参与职业教育评估活动，可以有效增强职业教育与社区需求的契合度。这种评估活动不仅为居民提供了表达意见的平台，还能鼓励他们积极参与到职业教育的发展中。通过收集和分析公众的反馈意见，教育机构可以更好地了解社区的实际需求和期望，从而制定出更加符合实际的教育政策和项目。

四、职业教育支持乡村振兴的对比分析评价方法

（一）历史对比法

历史对比法作为一种评价职业教育支持乡村振兴的有效工具，通过分析不同时期职业教育的贡献，揭示其在政策实施与社会需求变化中的适应性。在不同的历史背景下，职业教育的作用和影响力因政策导向和社会经济条件的变化而不同。通过纵向对比，我们可以发现职业教育在支持乡村振兴过程中的动态变化以及其在政策调整中的灵活性和适应性。这种分析不仅可以揭示政策实施过程中存在的不足，还能为未来政策的制定提供参考依据。

通过对比不同历史阶段职业教育的实施效果，历史对比法能够识别出成功的教育模式和策略。这一方法使我们能够从历史中汲取经验，辨别出哪些教育策略在特定条件下能够有效促进乡村振兴。例如，通过对比分析，我们可以发现某些教育模式在特定的经济发展阶段具有较高的成功率，从而为未来的职业教育改革提供借鉴。这样的分析不仅有助于优化当前的教育策略，还能为制订长远的教育发展规划提供科学依据。

历史对比法还能够评估职业教育在乡村振兴过程中的持续性与稳定性，特别是在不同经济发展水平下的表现。通过对不同时期教育政策和经济指标的比较，我们可以发现职业教育在促进乡村经济发展中的长期效应。这种比较分析能够揭示出职业教育在不同经济周期中的表现差异，帮助我们理解其在经济衰退或增长时期的贡献。这对于确保职业教育在支持乡村振兴中的持续性和稳定性具有重要意义。

历史对比法能够揭示职业教育在乡村振兴中的关键转折点，帮助理解教育改革与乡村经济发展的关系。在不同时期，职业教育政策的调整往往伴随着乡

村经济发展的重大变化。通过历史对比，我们可以识别出这些转折点，并分析其背后的原因和影响。这种分析不仅有助于理解过去教育改革的成败，还能为当前和未来的教育政策提供启示，确保职业教育在乡村振兴中发挥更大的作用。

此外，通过量化各个历史阶段的教育投入与乡村经济指标之间的关系，历史对比法可以评估教育投资的回报率及其社会效益。这种量化分析能够揭示出教育投入与经济增长之间的关联，为政策制定者提供数据支持。通过这种方法，我们可以更清晰地了解职业教育在乡村振兴中的经济价值，从而为未来的教育投资决策提供科学依据。这种评估强调了职业教育的经济效益，并突出了其在促进社会公平和可持续发展中的重要作用。

（二）区域对比法

区域对比法作为一种有效的分析工具，能够深入探讨不同地区职业教育在支持乡村振兴中的表现。对比各区域职业教育资源的配置情况，可以揭示出资源分布不均对乡村振兴效果的影响。职业教育资源的合理配置是实现乡村经济发展的基础，然而，由于地理、经济和政策等因素的差异，各地区在资源配置上存在显著不同。这种差异直接影响了职业教育在促进当地经济发展和提高居民生活水平方面的成效。因此，研究区域间资源配置的差异性对于优化职业教育政策具有重要意义。

不同地区职业教育政策的执行力度在很大程度上决定了其对乡村发展的支持程度。政策执行的有效性不仅取决于政策本身的设计，还与地方政府的执行能力密切相关。通过比较不同地区政策执行的力度，可以发现政策实施中的瓶颈和障碍，从而为政策改进提供依据。有效的政策执行能够加速职业教育与地方经济的融合，促进乡村产业的升级和转型。因此，在政策制定和实施过程中，需要充分考虑地方实际，确保政策能够切实发挥作用。

各区域职业教育与地方产业需求的匹配程度是衡量职业教育支持乡村振兴效果的重要指标，职业教育应紧密结合地方产业需求，培养适合当地经济发展的技术和管理人才。分析不同地区职业教育与产业需求的匹配程度，可以评估职业教育在满足地方经济发展需求方面的贡献。良好的匹配度不仅能提高职业教育的就业率，也能推动地方经济的可持续发展。因此，区域间的匹配程度分析为优化职业教育课程设置和教学内容提供了重要参考。

区域间职业教育成果的评估与对比，有助于揭示成功经验与不足，为其他地区提供借鉴。对比分析，可以发现哪些地区在职业教育支持乡村振兴方面表现突出，哪些地区存在改进空间。这种评估不仅能够促进区域间的经验交流，还能推动职业教育质量的整体提高。此外，评估结果为政策制定者提供了可靠的数据支持，帮助其制定更具针对性的政策措施，以提高职业教育对乡村振兴的贡献。

区域文化背景对职业教育实施效果的影响不可忽视，文化因素在很大程度上决定了职业教育的接受度和实施效果。不同的文化背景对教育理念、教学方法和学习态度产生了深远影响。在乡村振兴过程中，职业教育应充分考虑地方文化特点，因地制宜地调整教育内容和方式，以提高教育的适应性和有效性。通过对比分析不同文化背景下职业教育的实施效果，可以更好地理解文化因素在职业教育中的作用，从而在乡村振兴中发挥更大的作用。

（三）政策对比法

政策对比法在分析职业教育对乡村振兴的支持中具有重要作用。比较不同地区职业教育政策的实施力度，可以发现这些政策在支持乡村产业发展方面的效果存在显著差异。某些地区的政策通过提供资金、技术培训和市场对接等多种方式，显著提升了当地乡村产业的竞争力和可持续发展能力，而其他地区可能由于政策执行力度不足，未能有效促进产业发展。因此，政策对比法可以帮助识别政策实施中的不足，为优化政策制定提供实证依据。

不同地区职业教育政策在资源配置上的差异，对乡村教育质量的影响评估尤为关键。资源配置包括师资力量、教学设备以及课程设置等方面的投入。在资源丰富的地区，职业教育能够提供更高质量的教学和更丰富的课程选择，从而提高乡村学生的教育水平和就业能力。然而，在资源相对匮乏的地区，教育质量可能受到限制，难以满足乡村振兴的需求。对比分析，可以揭示资源配置不均衡对教育质量的影响，为政策调整提供参考。

职业教育政策对乡村企业人才需求的响应能力及其适应性分析，是评价政策有效性的重要指标。随着乡村经济的发展，企业对高技能人才的需求日益增加。有效的职业教育政策应能够快速响应这些需求，调整课程设置和培训内容，以培养符合市场需求的人才。然而，某些地区的政策可能在适应性上存在不足，导致人才供需失衡。政策对比法能够揭示这些问题的存在，并为政策的改进提供方向。

各区域职业教育政策对乡村居民技能提升的具体措施及成效对比，能够揭示政策实施的实际效果。不同地区采取的措施，如职业培训、技能竞赛和继续教育等，对居民技能提升的影响各异。对比分析能够识别出最有效的措施和策略，为其他地区提供借鉴。同时，也可以发现某些政策措施在执行过程中可能遇到的障碍，从而促进政策的优化和调整。

五、职业教育支持乡村振兴的综合评价方法

（一）系统分析法

系统分析法在职业教育支持乡村振兴的综合评价中扮演着至关重要的角色。通过整合各类数据和指标，该方法能够全面评估职业教育对乡村振兴的多维度影响。这种评估不仅关注教育的直接效果，还包括其对乡村经济、社会和文化等多个方面的长期影响。通过系统分析法，评价者能够确保评价结果的全面性与科学性，从而为决策者提供可靠的依据。这种方法的应用不仅有助于识别职业教育的成功经验，还能揭示潜在的改进空间。

系统分析法特别强调对职业教育资源配置、教学质量、毕业生就业情况等关键因素的系统性分析。这些因素直接影响乡村经济发展和社会进步。通过对这些因素的深入分析，系统分析法能够揭示职业教育对乡村经济和社会发展的具体贡献。比如，分析教学质量数据，可以评估教育对学生技能提升的实际效果；研究毕业生就业情况，可以了解教育与市场需求的匹配程度。这些分析结果为职业教育的改进和优化提供了科学依据。

此外，系统分析法还注重不同利益相关者的反馈。通过整合政府、企业和社区的意见，该方法为职业教育支持乡村振兴的综合评价提供多元视角。这种多元化的反馈机制有助于全面理解职业教育在乡村振兴中的实际作用和影响。不同利益相关者的意见不仅能揭示教育实践中的优势，还能指出存在的不足，为后续政策调整和资源配置提供了宝贵的参考信息。

（二）层次分析法

层次分析法是一种系统化的决策工具，通过建立多层次的指标体系，明确各项指标在职业教育支持乡村振兴中的相对重要性。这种方法的应用，能够有效促进科学决策，为职业教育在乡村振兴中的作用提供清晰的方向。具体而言，层次分析法通过将复杂的问题结构化为不同层次，使每个层次的要素可以被详细分析。这种分层次的方式不仅可以帮助决策者厘清各指标的重要性，还可以

通过对比不同层次的要素，形成对职业教育支持措施的全面理解和评估。

在层次分析法中，专家评分和权重分配是关键步骤。专家评分可以获得对职业教育各项支持措施的客观评价，而权重分配则将这些评价量化，以便于更直观地比较不同措施的效果。这种量化评估的结果，为政策调整和资源配置提供了有力的依据。例如，在评估职业教育对乡村振兴的支持时，可以通过层次分析法确定哪些教育项目对乡村经济发展最具影响力，从而指导政策制定者将有限的资源投入到最有效的领域。

层次分析法的一个显著优势在于其能够将复杂的评价问题分解为多个层次，便于分析和比较不同因素对乡村振兴的影响程度。通过这种方法，决策者可以识别出影响乡村振兴的关键因素，并在此基础上进行有针对性的干预措施。这种分解与比较的过程，使各因素的作用和相互关系更加明晰，为全面理解职业教育在乡村振兴中的支持作用提供了新的视角。

（三）模糊综合评价法

模糊综合评价法是一种在职业教育支持乡村振兴的评价中被广泛应用的方法。通过构建模糊矩阵，该方法能够有效结合定性与定量指标，从而全面反映职业教育在支持乡村振兴过程中的效果。模糊综合评价法的核心在于其能够处理复杂的社会经济现象中的不确定性和模糊性。这一特点使该方法在评估职业教育对乡村振兴的支持作用时，能够提供更具科学性和合理性的评价结果。

在具体应用中，模糊综合评价法利用模糊逻辑来应对评价过程中存在的不确定性。这一方法的优势在于其能够通过专家打分和权重分配，量化各项指标的影响程度。这种量化过程不仅为职业教育政策的制定与优化提供了坚实的数据支持，还提高了评价体系的客观性和准确性。通过这种方式，政策制定者可以更好地理解职业教育在乡村振兴中的作用及其影响，从而制定出更有效的支持政策。

（四）数据包络分析法

数据包络分析法（DEA）是一种广泛应用于评估多输入与多输出决策单元（DMUs）效率的方法，以其在量化职业教育在乡村振兴中的资源配置效率方面的独特优势而备受关注。DEA通过构建效率前沿面，能够有效识别出在乡村振兴过程中表现优异的职业教育机构。这种方法不仅为政策制定者提供了一个了解最佳实践的平台，还为其他机构指明了学习和改进的方向。通过深入分析职业教育机构在资源配置和效率提高方面的表现，DEA为乡村振兴战略的优化提供了重要的理论依据和实践参考。

在职业教育支持乡村振兴的过程中，DEA方法通过识别和分析效率前沿面，能够帮助政策制定者和教育管理者了解哪些职业教育机构在资源利用和教育成果上表现突出。通过这种方法，政策制定者可以更清晰地把握职业教育在乡村振兴中的关键作用，并制定出更具针对性的支持政策和措施。此外，DEA方法的应用还能够促使职业教育机构之间形成良性竞争，激励其不断提高自身的教育质量和资源利用效率，从而整体上推动乡村地区教育水平的提高和经济社会的发展。

DEA方法在处理不确定性和模糊性方面的能力，使其在复杂的社会经济环境中显得尤为重要。通过引入模糊数学的概念，DEA能够更好地适应职业教育在支持乡村振兴过程中遇到的各种复杂问题，提高评价的准确性和可靠性。这种方法不仅能够对职业教育资源配置效率进行精准评估，还能为政策制定者提供更为全面的决策支持，帮助其在复杂的社会经济环境中作出更为科学合理的决策。

为了增强对职业教育支持乡村振兴效果的综合分析能力，DEA可以与其他评价方法结合使用，如层次分析法（AHP），形成混合评价模型。这种混合模型能够充分发挥各自方法的优势，提供更为全面和深入的分析视角，有效地提升决策支持的科学性和全面性。通过这种方式，政策制定者和教育管理者能够更好地理解职业教育在乡村振兴中的复杂作用机制，从而制定出更具实效性和可操作性的政策措施，推动乡村振兴战略的成功实施。

第三节　职业教育支持乡村振兴的评价结果分析

一、职业教育支持乡村振兴评价结果的区域差异性分析

（一）区域间差异对比

1. 不同区域职业教育资源的配置差异

部分地区由于资金和设施不足，导致教育质量参差不齐，直接影响了当地

居民接受优质职业教育的机会。资源丰富的地区能够提供更完善的职业教育设施和师资力量，从而提高教育质量，促进乡村振兴。而资源匮乏的地区则面临着教育资源短缺的问题，限制了职业教育的普及和发展。这种差异不仅影响了教育的公平性，也对乡村振兴的整体进程产生了深远影响。

2. 乡村振兴政策实施力度的差异

部分地区由于政策支持力度较大，职业教育与地方经济实现了良性互动。这些地区通过加强政策引导和资金投入，提升了职业教育的吸引力和实用性，进而推动了当地经济的发展。相反，政策支持力度较弱的地区，职业教育的发展相对滞后，难以满足地方经济发展的需求。这种政策实施力度的不平衡导致了各地区职业教育发展水平的差异，影响了乡村振兴的整体效果。

3. 各区域职业教育课程设置的适应性差异

部分地区由于未能及时调整课程设置以应对经济变化，导致毕业生的技能与市场需求脱节。这种课程设置的不适应性限制了职业教育的实效性，影响了学生的就业竞争力。在经济快速变化的背景下，职业教育课程的灵活调整显得尤为重要，以确保培养的人才能够适应市场需求，助力乡村振兴。

4. 区域文化和经济背景的差异

部分地区居民对职业教育的认同感和支持度较低，限制了政策的有效落实。在一些传统观念较强的地区，职业教育仍然面临着社会认知度低的问题，这不仅影响了学生的选择，也制约了职业教育的发展。提高职业教育的社会认同度和参与度，需要从文化和经济背景出发，制定符合当地实际的政策措施，推动职业教育的普及和发展，从而更好地支持乡村振兴。

（二）区域特色与优势

职业教育在支持乡村振兴过程中，其效果因地区而异，主要体现在区域特色与优势的发挥上。某些地区的职业教育课程设计紧密结合当地特色产业，如农业、手工业等，能够有效提升学生的专业技能。这种课程设置不仅满足了地方经济发展的需求，还为学生提供了更具针对性的职业发展路径。例如，在农业发达地区，职业教育机构开设了现代农业技术课程，使学生能够掌握先进的农业生产技能，从而推动当地农业的现代化和产业升级。

此外，乡村职业教育机构与地方企业的紧密合作也成为一大亮点。通过与企业建立的良好合作关系，学生有机会在实习阶段直接参与企业的生产活动，这种实践教学模式极大地增强了学生的实践能力和就业竞争力。企业在这一过程中也得以获得符合其需求的技能型人才，实现了双赢的局面。这种校企合作模式在一些地区已经成为职业教育支持乡村振兴的典范，值得在更大范围内推广。

部分地区的职业教育项目还注重于文化传承与创新，推动了地方传统技艺的保护和发展。这些项目通过开设相关课程，培养了一批致力于传统技艺复兴的年轻人，增强了乡村文化自信。这不仅提升了当地居民对本土文化的认同感，也为乡村旅游等新兴产业的发展提供了有力支持。通过这些努力，乡村职业教育在文化层面上为乡村振兴贡献了独特的力量。

在一些乡村地区，职业教育通过开展技术培训，积极提高了居民的技能水平，促进了当地经济的多样化和可持续发展。这些培训项目涵盖了从基础技能到高新技术的广泛领域，帮助居民掌握了多样化的职业技能，拓宽了就业渠道。通过技能的提升，乡村居民在面对经济变化和市场需求时能够更灵活地调整自身的职业定位，从而实现个人和社区的共同发展。职业教育在这一过程中不仅是技能传授的渠道，更是乡村振兴的重要推动力量。

（三）区域均衡发展策略

在职业教育支持乡村振兴的过程中，区域均衡发展策略显得尤为重要。各地区需要根据自身的经济和社会特点，制定切实可行的职业教育发展规划。这样的规划不仅要考虑到地区的产业结构和劳动力市场需求，还需结合当地的文化和社会发展水平，确保职业教育资源的合理配置。通过科学的规划，各地区能够在职业教育上形成自身的特色和优势，进而促进区域间的均衡发展。这种策略不仅有助于提高教育质量，还能有效缩小区域间的发展差距，为乡村振兴提供坚实的人才基础。

为了实现区域职业教育的均衡发展，建立区域间的职业教育资源共享机制至关重要。通过这一机制，各地的教育机构可以互相学习和借鉴成功经验，从而提升整体教育水平。具体而言，这种共享机制可以包括课程资源、师资力量、教学设施等方面的共享与交流。通过区域间的合作，各地可以在职业教育的课程设计、教学方法和管理经验上相互借鉴，形成优势互补的局面，提高职业教育的整体质量和水平。这不仅能提升职业教育的实效性，更能为学生提供更为广阔的发展空间。

政府在支持乡村职业教育方面的财政投入是实现区域均衡发展的关键。特别是在欠发达地区，政府的财政支持尤为重要。通过加大对这些地区的基础设施建设和师资力量的投入，可以有效提高教育质量，缩小与发达地区的差距。政府的财政支持不仅可以用于改善学校的硬件设施，还可以用于教师的培训和引进，从而提高整体的教育水平。此外，政府还可以通过政策引导，鼓励社会力量参与乡村职业教育的发展，形成多元化的支持体系。

二、职业教育支持乡村振兴评价结果的指标相关性分析

（一）指标间相关性分析

在职业教育支持乡村振兴的过程中，指标间的相关性分析显得尤为重要。对教育资源投入与人才培养质量之间的正相关性进行研究，可以发现教育经费的增加在很大程度上提高了师资力量和教学设施的水平。这种投入不仅直接影响了教学质量，也间接提高了学生的就业率和技能水平。高质量的教育资源为学生提供了更好的学习环境和实践机会，从而使他们在毕业后能够更好地适应市场需求，提升就业竞争力。教育资源的合理配置和有效使用，是实现乡村振兴目标的重要基础。

人才培养质量与社会服务能力之间的关联性进一步揭示了职业教育在乡村振兴中的关键作用。高质量的人才培养不仅是为了满足个体的就业需求，更重要的是增强职业教育机构在乡村技术培训和产业扶持方面的有效性。通过培养具有专业技能和社会责任感的人才，职业教育机构能够更好地服务于乡村社会，推动技术的普及和应用。这种关联性表明，职业教育在提升乡村社会服务能力方面具有深远的影响，是实现乡村全面发展的重要途径。

社会服务能力与创新研发能力的互动关系，说明职业教育在乡村振兴中的作用不仅局限于技能培训。通过技术培训和项目合作，职业教育机构不仅提高了乡村居民的技能水平，同时也促进了乡村产业的创新发展。这种互动关系表明，职业教育在推动乡村产业升级和技术创新方面具有重要作用。通过不断提升社会服务能力，职业教育可以为乡村提供持续的技术支持和创新动力，进而实现乡村经济的可持续发展。

政策执行与满意度指标之间的相互影响，强调了政策在职业教育支持乡村

振兴中的重要性。政策的有效落实能够提高乡村居民对职业教育的认可度和参与意愿，从而形成良性循环。合理的政策设计和执行，可以调动各方资源，优化职业教育的实施效果，提高居民的满意度和参与度。这种相互影响关系表明，政策的制定和执行需要充分考虑乡村居民的需求和期望，以确保职业教育在乡村振兴中的有效性和持续性。

创新与研发能力与人才培养质量的关联，进一步强调了职业教育在培养学生创新思维和实践能力方面的重要性。通过创新教育和研发活动的结合，职业教育不仅提升了学生的实践能力和创新思维，也提高了毕业生的创业成功率和市场竞争力。这种关联性表明，职业教育在推动创新和创业方面具有重要作用，是实现乡村经济活力和竞争力提升的关键因素。通过不断提高人才培养质量，职业教育可以为乡村振兴提供源源不断的人才支持和智力保障。

（二）指标权重调整

在职业教育支持乡村振兴的过程中，指标权重的调整至关重要。指标权重调整是为了更精准地反映职业教育对乡村振兴的实际贡献，确保资源的合理配置与最大化效益。分析各项指标对乡村振兴贡献的实际效果，可以识别出对乡村经济发展影响显著的领域，从而调整教育资源的投入权重。这一过程不仅需要全面的数据信息支持，还需结合乡村经济的具体发展需求，以便在资源有限的情况下，优先支持那些能够带来显著经济效益和社会效益的领域。

在人才培养质量指标中，随着市场对不同专业领域就业需求的变化，毕业生的就业率与就业质量的权重也需要动态调整。这种调整不仅反映了市场导向的变化，还能促使职业教育机构在课程设置与教学内容上作出相应的改进，以提高毕业生的市场竞争力。对就业数据的分析，可以更好地理解各专业领域的人才需求变化趋势，从而在教育资源配置上作出更具前瞻性的决策，确保职业教育能够持续支持乡村振兴的长远目标。

社会服务能力是职业教育支持乡村振兴的重要方面。结合社会服务能力的实际反馈，适当提高乡村技术培训与服务次数及效果的权重，可以直接增强职业教育对乡村居民技能提升的影响。这一调整需要充分考虑乡村居民的实际需求和反馈，通过增加技术培训的频次和质量，帮助乡村居民掌握更多适用技能，提高他们的就业能力和收入水平，同时也能促进乡村整体经济的发展。

在创新与研发能力指标中，科研成果的转化与应用效果是衡量职业教育支持乡村振兴的重要标准。通过调整知识产权申请与授权情况的权重，可以更好地强调其对乡村振兴的实际贡献。这一调整要求职业教育机构在科研方向上更加贴近乡村经济发展的实际需求，推动科研成果的应用与推广，以实现科技创新对乡村振兴的推动作用。

此外，应根据政策执行与满意度指标的反馈，适时调整政策落实率的权重，以确保政策实施效果与乡村居民的实际需求紧密结合。政策的针对性和有效性是衡量职业教育支持乡村振兴成效的重要因素。对政策执行效果的分析，可以及时发现政策实施过程中存在的问题，并进行调整，以提高政策的实施效率和乡村居民的满意度。

三、职业教育支持乡村振兴评价结果的时间序列分析

（一）时间序列趋势分析

时间序列趋势分析在职业教育对乡村振兴的支持中扮演着重要角色，通过对就业率变化趋势的观察，可以清晰地看到教育政策实施后的直接影响。在不同时间段，职业教育的介入显著提高了乡村地区的就业率。这种变化不仅体现了教育政策的有效性，还反映了职业教育在促进乡村劳动力市场活跃度方面的贡献。通过对就业率的时间序列分析，政策制定者可以识别出哪些教育措施最能满足乡村振兴的需求，从而优化资源配置。

职业教育经费投入与乡村经济发展指标之间的时间序列关系，揭示了资金投入对教育质量和社会服务能力的长期影响。随着时间的推移，持续的经费投入显著提高了职业教育的质量，提高了乡村居民的技术水平和就业能力。这种投入不仅促进了教育机构的基础设施建设，还增强了教学内容的实用性和针对性。分析这一时间序列关系，可以更好地理解资金投入如何在长期内影响乡村经济的发展和职业教育的社会服务能力。

乡村居民对职业教育满意度的时间序列变化，是衡量政策执行效果的重要指标。满意度的提升不仅反映了职业教育在乡村地区的认可度，同时也影响了居民参与职业教育的积极性。时间序列分析显示，随着职业教育课程和服务的不断优化，居民满意度逐渐提高，这说明政策实施的有效性和职业教育的社会价值逐步被乡村居民所接受和认可。这一分析为政策的进一步调整和优化提供了重要依据。

职业教育课程设置与地方产业需求的适应性变化，是衡量教育内容对乡村

经济响应能力的重要指标。时间序列分析表明，随着地方产业结构的变化，职业教育课程设置逐渐趋于多元化和专业化，以满足不同阶段乡村经济发展的需求。这种适应性变化不仅提升了职业教育的实用性，也增强了其对乡村经济发展的推动作用。对课程设置与产业需求的时间序列分析，可以更好地指导教育内容的调整和优化。

乡村技术培训与服务次数的年度变化趋势，体现了职业教育在提升居民技能和促进地方经济发展中的动态作用。随着职业教育的深入推进，技术培训和服务的次数逐年增加，这不仅提高了乡村居民的技能水平，还促进了地方经济的持续发展。时间序列分析显示，职业教育在不同年度的培训和服务活动，对乡村经济的贡献不断加大。这一趋势分析为职业教育的未来发展方向提供了重要的参考依据。

（二）周期性波动分析

周期性波动分析在职业教育支持乡村振兴的过程中是一个重要的研究维度。对时间序列数据的分析，可以观察到乡村职业教育的参与度在不同季节和节假日呈现周期性波动。这种波动不仅影响居民参与培训的积极性和频率，还可能对教育资源的合理配置产生一定影响。季节性变化通常与农业生产周期、地方节庆活动等因素相关，导致居民在某些时段更倾向于参与职业培训，而在其他时段则参与度下降。因此，理解这些周期性波动的特征，有助于优化职业教育的安排，提高乡村居民的参与率和培训效率。

职业教育课程的设置与地方产业需求之间的周期性变化，反映出经济活动的季节性特征对教育内容的影响。这种变化不仅影响到课程的设计和实施，还可能对学生的学习兴趣和就业准备产生直接影响。具体而言，某些产业在特定季节对劳动力的需求增加，可能促使职业教育机构在此期间调整课程内容，以更好地满足市场需求。这种动态调整不仅提升了课程的实用性，也增强了职业教育对地方经济发展的支持力度，确保了教育与经济需求的紧密结合。

乡村技术培训的效果在不同时间段中表现出波动性，这种波动可能与市场需求变化和参与者的学习状态有关。市场需求的变化往往导致技术培训内容的调整，从而影响培训效果的稳定性。此外，参与者的学习状态在不同时间段也会有所不同，可能受到个人生活、工作负担以及外部环境变化的影响。因此，在进行时间序列分析时，需综合考虑这些因素，以便更准确地评估技术培训的实际效果，并为未来的培训计划提供依据。

毕业生就业率在年度周期中表现出明显波动，其波动通常与经济形势变化、招聘季节和行业需求密切相关。在经济形势较好时，企业招聘需求增加，毕业生就业率随之上升；反之，在经济低迷期，企业招聘需求减少，毕业生就业率可能下降。此外，招聘季节的变化也会直接影响到毕业生的就业机会。因此，分析就业率的周期性波动有助于职业教育机构调整毕业生就业指导策略，提升就业服务的针对性和有效性。

政策执行力度影响职业教育资源的配置和乡村振兴的整体进程。政策的动态调整往往是基于对实际情况的评估和反馈，旨在更有效地推动乡村振兴。然而，政策执行力度的变化可能导致资源配置的不稳定，从而影响职业教育的持续发展。因此，理解政策执行的周期性特征，对于制定长期稳定的职业教育发展策略至关重要，并能有效支持乡村振兴的目标实现。

四、职业教育支持乡村振兴评价结果的未来发展趋势分析

（一）未来趋势预测

职业教育在支持乡村振兴中的作用日益受到重视，其未来发展趋势也逐渐清晰。

其一，职业教育将更加注重与地方产业的协同发展，以确保培养的人才能够满足市场需求，进而提升乡村经济的竞争力。通过与地方产业的紧密结合，职业教育机构能够为乡村提供定制化的人才培养方案，推动乡村经济的特色化和多元化发展。这种产业与教育的深度融合，不仅有助于解决乡村劳动力外流的问题，还能在一定程度上缓解城市与乡村之间的发展不平衡，促进城乡一体化发展。

其二，随着信息技术的进步，职业教育将加速数字化转型，利用在线学习平台和虚拟实训环境，提高教育资源的可及性和教学效率。数字化转型不仅可以打破时间和空间的限制，使乡村居民能够随时随地接受优质教育资源，还可以通过虚拟实训环境提供更加真实和多样化的学习体验。这种基于信息技术的教育模式创新，将为乡村振兴注入新的活力，帮助乡村居民掌握现代化生产技能，提升他们的就业竞争力和创业能力，从而实现个人与乡村的共同发展。

其三，政策支持力度的持续增加将为职业教育提供更多资源，推动教育质量的提高，并促进乡村振兴战略的有效实施。政府在职业教育领域的支持，不仅体现在资金投入的增加，还包括政策制度的完善和实施力度的加强。这些政策措施将为职业教育的发展提供有力保障，促进教育资源的优化配置和教育质量的不断提高。通过政策引导，职业教育能够更好地服务于乡村振兴战略，助力乡村经济社会的全面发展。

其四，职业教育机构将探索多样化的合作模式，通过与企业、政府及社会组织的跨界合作，形成合力推动乡村经济的可持续发展。多样化的合作模式不仅可以拓宽职业教育的资源渠道，还能为乡村振兴提供更多的智力支持和技术支持。通过与企业的合作，职业教育可以更好地了解市场需求，调整课程设置和教学内容，提高人才培养的针对性和实用性。与政府和社会组织的合作，则可以为职业教育的发展提供政策支持和社会资源，形成推动乡村振兴的强大合力。

其五，社会对职业教育的认可度将不断提高，乡村居民参与职业教育的积极性将显著增强，创造良好的社会环境和支持氛围。随着职业教育在乡村振兴中的作用逐渐显现，社会对职业教育的认知和认可度也在不断提升。职业教育的良好口碑和社会影响力，将激发乡村居民参与职业教育的热情，形成积极向上的教育氛围。通过职业教育，乡村居民不仅能够提升自身的职业技能和就业能力，还能在乡村振兴中发挥更大的作用，促进乡村的可持续发展和繁荣。

（二）影响因素分析

1. 政策

政策的有效性不仅决定了教育资源的合理配置，还影响了其利用效率。在许多地区，政策的实施力度直接关系到职业教育能否真正满足乡村振兴的需求。政策的制定应考虑地方实际，确保资源能够精准投放到最需要的领域。执行过程中，需建立完善的监督机制，以保证政策的持续性和有效性。此外，政策的灵活性和适应性也是影响职业教育支持乡村振兴的重要因素，只有在政策层面给予足够的支持，才能实现资源的最优配置。

2. 地方经济发展水平

地方经济发展水平直接影响职业教育的需求，进而决定了课程设置的针对性和实用性。经济较为发达的地区，职业教育的需求趋向多元化和高端化，而经济欠发达地区则更强调基础技能的培养。这种差异要求职业教育在课程设计上要因地制宜，增强针对性。经济发展水平还影响着教育资金的投入和师资力量的配备，进而影响职业教育的质量和效果。因此，职业教育的发展必须与地方经济的发展相协调，以实现教育与经济的良性互动。

3. 科技进步与信息化程度的提升

信息技术的应用不仅提高了教学的灵活性，还增强了职业教育的适应性。通过信息化手段，职业教育可以更好地满足个性化学习需求，提供多样化的学习资源和灵活的学习方式。科技进步还推动了职业教育内容的更新和教学方法的创新，使职业教育更具时代性和实用性。因此，职业教育应积极拥抱科技进步，提高信息化水平，以适应未来发展的需要。

参考文献

[1] 李海莉. 职业教育与数字乡村建设研究 [M]. 长春：吉林摄影出版社，2024.

[2] 王功琪. 乡村振兴战略下乡村教育发展研究 [M]. 长春：吉林大学出版社，2023.

[3] 曾阳. 城乡融合发展背景下职业教育制度建设研究 [M]. 广州：中山大学出版社，2022.

[4] 赵政. 乡村振兴战略研究 [M]. 西安：西北工业大学出版社，2021.

[5] 建良. 五谈乡村振兴 [M]. 长沙：湖南人民出版社，2022.

[6] 吴兆明. 乡村振兴与新型职业农民职业教育研究 [M]. 南昌：江西人民出版社，2021.

[7] 赵晓峰，李卓. 乡村振兴与城乡融合发展 [M]. 长沙：湖南人民出版社，2023.

[8] 张小华. 高等职业教育理论与创新发展探索 [M]. 北京：中国书籍出版社，2024.

[9] 兰慧君. 乡村教育振兴研究 [M]. 北京：中国书籍出版社，2024.

[10] 李雪祥. 职业教育管理与实施 [M]. 长春：吉林人民出版社，2023.

[11] 伍志凌，刘海静，包静. 乡村振兴建设规划概论 [M]. 武汉：武汉大学出版社，2024.

[12] 左停. 乡村振兴与民生保障 [M]. 长沙：湖南人民出版社，2023.

[13] 何阳. 乡村振兴新视域 [M]. 开封：河南大学出版社，2023.

[14] 高奇. 职业教育原理 [M]. 北京：光明日报出版社，2021.

[15] 赵鸭桥. 乡村振兴与乡村人才建设 [M]. 长沙：湖南人民出版社，2023.